中华先贤人物故事汇

晏婴

阎扶 著

中华书局

图书在版编目（CIP）数据

晏婴/阎扶著. —北京：中华书局，2021.7
（中华先贤人物故事汇）
ISBN 978-7-101-15066-7

Ⅰ.晏… Ⅱ.阎… Ⅲ.晏婴（？～前500）-生平事迹
Ⅳ.K827＝25

中国版本图书馆 CIP 数据核字（2021）第 026257 号

书　　名	晏　婴	
著　　者	阎　扶	
丛 书 名	中华先贤人物故事汇	
责任编辑	李　猛　董邦冠	
出版发行	中华书局	
	（北京市丰台区太平桥西里 38 号　100073）	
	http://www.zhbc.com.cn	
	E-mail：zhbc@zhbc.com.cn	
印　　刷	北京瑞古冠中印刷厂	
版　　次	2021 年 7 月北京第 1 版	
	2021 年 7 月北京第 1 次印刷	
规　　格	开本/787×1092 毫米　1/32	
	印张 4¾　插页 2　字数 50 千字	
印　　数	1-10000 册	
国际书号	ISBN 978-7-101-15066-7	
定　　价	20.00 元	

出版说明

　　孔子周游列国，创立儒家学说；张骞出使西域，开辟丝绸之路；书圣王羲之，留下了曲水流觞的佳话；诗仙李白，写下了"举头望明月，低头思故乡"的名篇；王安石为纠正时弊，推行变法；李时珍广集博采，躬亲实践，编撰医药学名著《本草纲目》……

　　这些杰出的历史人物，有的是在中华民族文明进程中做出过突出贡献、对后世产生过巨大影响的思想家、政治家，有的是对中华优秀传统文化的传承传播发挥过重大作用的文学家、艺术家、科学家，有的是为国家安定统一、民族融合团结和中外文化交流做出过杰出贡献的军事家、外交家……他们为中华民族的繁荣发展做出了伟大的贡献，他们的行为事迹、风范品格为当世楷模，并垂范后世。

　　他们是中华民族的先贤人物。他们的思想、品德、事迹，是中华优秀传统文化的结晶。他们的故事，是对中华民族的禀赋、特点和气质最生动、最鲜活的阐释。他们的名字，在五千年中华文明史上最为光彩夺目。他们为五千年中华文明史书写了最为光辉灿烂的篇章。

　　为了解先贤，走近先贤，我们精心组织编写了这套《中华先贤人物故事汇》丛书。以详实可靠的史料为依据，以细腻动人的故事为载体，真实地呈现中华先贤人物的事迹、品格和精神风貌，彰显他们的贡献和功绩，以激发人们对国家民族的热爱，对中华文明、中华优秀传统文化的崇敬。

　　开卷有益，期待这套丛书成为你的良师益友。

目 录

导 读

　　晏婴（？~前500）是春秋后期齐国人，先后辅佐齐灵公、齐庄公、齐景公，从政五十余载，后人编有《晏子春秋》。在齐国发生崔杼弑庄公和陈、鲍、栾、高四氏驱逐庆氏以及陈、鲍又逐栾、高的动乱中，晏婴以社稷与君为念，不惧淫威，出谋划策，可谓大智大勇。面对陈氏笼络人心之举，他深表担忧，提出应对之策。晏子使楚、二桃杀三士，展示了他机敏善辩、不辱使命、为国除暴的卓越品格。作为齐景公之相，晏婴直言敢谏，他的以礼治国、爱民恤民、薄赋省刑、举贤任能的主张，对校正齐景公行为、治理齐国起了极大作用。

晏婴具有朴素的辩证唯物思想。他发展了西周晚期史伯提出的"和同"之论，以汤羹、清水为喻，认为臣要指出并弥补君的不足，而不是一味苟同。对于齐景公这样一位追求奢华、行事虚妄的君主，晏婴反对通过诛人治愈疾病、祭祷祛除彗星的迷信做法，指出生死迭代乃正常不过的自然现象。

晏婴以厉行节俭名显诸侯，为人称道。父亲死后，他为之举办简朴葬礼。祭祀时，因牺牲太小引发议论。平日衣食住行，非常省用：一件狐裘穿三十多年；吃糙米、鸡蛋与薹菜，即使有肉也不同时上两样；住在低湿狭小的祖传宅子里，将齐景公为他建的新宅拆除，恢复邻居旧宅；乘坐驽马劣车，退掉齐景公送的良马好车；拒绝分封给他的邶殿六十邑，认为人的拥有应像布帛一样有度。

同时而稍后的孔子，在多个场合表达了对晏婴的敬意。司马迁为他作传之后感叹，假如自己能给晏婴执鞭驾车，该是多么荣幸！

为父治丧

土从三个方向，交织着落进墓穴。天气凛冽，声音沉闷。天低垂着，犹如铸铜时熔化的锡，像是不胜其重，随时要压下来。人们围成大半个圈儿，注视着那个正被填埋的长方形土坑。

墓穴正南位置，站着晏婴。他一脸的肃穆庄重。被冷气浸过的眼珠，显得更加明澈、深邃。粗麻织的孝服，白中透褐，衬托脸的黑青。孝服的边没缝，露出不整齐的毛边。头上、腰上系着麻带子，腰后垂下一节。孝棒挂在右手，短短的一节。家宰招呼来宾的空当儿，瞥了一眼主人，忽然发现晏婴左脚草鞋大拇趾头的地方，顶出一个不大不小的洞眼。

坟丘渐渐堆起，越来越大，越来越高。

"下雪了！"不知谁低声咕哝了一句。

有人仰起脸，一粒细微的雪，掉进他的眼里。

雪不大，但密密地下起来了，落在高高低低的人身上。人分散着站成一片。听见雪沙沙地响，旷野寂静、辽阔。雪落在远处的树上、近处的草棵子上。坟丘渐渐成形。雪被压着，土是新的。有人转身，把目光伸向南方，刚才还能清晰眺见的淄水，早已消失在茫茫雪幕下。雪，开始驻留在成形的坟丘上。

人们把目光聚在晏婴身上，只见他双膝着地，双手攥紧孝棒：

"晏婴叩谢众位！家父之丧，众位忙前忙后，多日不辞辛劳。今日又来墓地，送他最后一程。晏婴再次叩谢！"

叩首于地，再无话说。

人群当中，掠过愕然之色。有人攥紧两手，仿佛丢失了什么，只好无奈地放弃。有人朝左朝右递上期许的目光，要让人接住似的。有人脸上显出愤然，好像正被蒙在一个大大的局子里。反应快的，搓搓手，跺跺脚，招呼旁人，走、走，他没忘记，再次盯了一眼跪在那里的晏婴。

晏婴沙哑的声音，还在族人晏父戎的耳边萦绕。他止住高大身子，等待晏氂（máo）走上去。

"晏婴办的这是什么事！"他望望晏氂，余光扫了眼晏婴。拂拂袖子，上面并无雪花。"晏婴这样做，是不知礼！"

并肩走在一起，晏氂低了半头，嘴角抿起，好像寒冷使它紧闭，脸上道道皱纹，犹如刀刻般细密。他没回答晏父戎，而是说到亡人：

"桓子一生有三桩大事可铭记：一是知难而进，参加了晋国召集诸侯在卷楚（今山西沁县）的会盟；二是攻城略地，灭掉了不懂事理的莱国；三是有条有理，回答了君上如何应对天子的求婚。在我看来，他一点儿也不比桓公之世负责人才选拔的我们晏氏先人差。"他望望天上，仿佛为已经埋在地下的晏弱默默祈祷。

晏父戎不平之气有些缓和，"他在灭棠那一战中，可是尽显英威。"

雪还是那么密密地、不疾不徐地下着。人的

人群当中，掠过愕然之色。有人离开前再次盯了一眼跪在那里的晏婴。

一生是多么短暂。他们晏氏自从归了齐国，至今已经过去许多年了。

"要说知不知礼，我们何曾比得上桓子！"晏氂转过身去，擤（xǐng）了一下鼻涕。"那年出使卷楚，高固听说齐国得罪了郤（xì）克，心里害怕，半路逃回。记得早年与晋军作战时，他还在阵前叫卖过勇气呢？桓子他们三人，硬是坚持前往，不怕扣押。他对晋国使者苗贲皇说，如果我们不前来，断绝两国君上之好，不如去死。知难而进，桓子之名一时传遍诸侯。"晏父戎静静地听着，仿佛第一次听说。"周天子派人前来求婚，怎样回答而不失礼，如此重要的事情，齐国也只有桓子能做到了！"

晏氂扭过头去，看到几粒雪花落在晏父戎有胡须上。"桓子可谓饱学知礼！"

"是，是，"晏父戎点了点壮硕的头，"桓子被谥为'桓'，也是实至名归。"

"有其父必有其子，你我都对晏婴再熟悉不过了，怎么就说他无礼呢？"

晏父戎心中升起不快。他不明白，晏氂为何

要在一些再清楚不过的事上显出迟疑。也许就是为了让别人说出口来，他才好肯定，真正是有这么一回事。

"从一开始，大家就对晏婴为父治丧过于简化有些说道。今天之事，实在有些过分。你也清楚，按照规矩，大夫们都得准备五车牲牢送往墓地，可是晏婴只用一车。桓子若是地下有知，会作何感想？"晏父戎有些激动，脸庞赤红。"按照规矩，下葬后治丧主人还要请来宾聚会，举行送别仪式。可是刚才在墓地，你看这个晏婴，根本没有一点挽留大家的意思。"

晏鬶张开嘴，长长呼了一口气："晏婴这样做，也许自有他的道理。"

"什么道理？——我看完全没有道理！"

"晏婴这个人，平日行为恭敬有加，做事有理有据。"

晏父戎听了，觉得晏鬶有些不置可否，他不明白他为什么总要这样。

晏鬶颦了一下眉，若有所思："在我看来，晏氏将来大张门庭，还得要靠这个晏婴。他的气象，不是你我所能明白的。"

就在晏鰲、晏父戎回到各自庭院、脱鞋进室的时候，晏婴与家宰一行，零零落落，踏着雪，进了临淄北门。高大的城墙昂然屹立，接受着雪的笼罩。穿过沉黑门洞，三三两两的行人映入眼帘。庄街，是横贯城北、由北门抵达宫城的一条宽阔大道，平时人来人往，熙熙攘攘，这会儿下雪，稀稀落落。还没来得及收起的小摊子，正在收起。摊主停下手里的活儿，打量经过的晏婴，眼中充满同情，但没一声问候。

晏婴家在庄街南头尽处，临近宫城。

脚踩在积了薄薄一层的雪上，咯吱咯吱作响。谁也不说什么，各自充满悲戚。这些日子的忙碌，终于要告一段落了。然而接下来的，将是一阵的空落。有人长长叹了口气，声音刺入雪中，随即消散了。

向东下一道不算陡、不算长的斜坡，巷子尽头，便到门前。有人打了个滑，但随即站直了。门前地方逼仄，没有影壁。晏婴走在前面，停下顿了顿脚。家宰跟在身后，朝天上扫了一眼。雪下大了，天明亮了。收回目光时，他瞅见大门槛上覆了层白色的雪。

跨进大门，晏婴又站住了。雪落在庭院中，仿佛正将人腾出来的地方，好好清洁一番。是啊，这些日子，狭小庭院被人挤得落不下脚。不是人多，而是地方太狭小了。透过敞开的中门，可以看到后面堂下，一片寂寥。东墙下草棚是为办丧事临时搭起的。几根细木支起一个顶。他走到草棚前，眼眶不由湿润。家人们各自默默地收拾物件，偶尔问答。晏婴走到草棚北边的通道。一张谷秆做成的席子柔软、服帖地平铺着，夜里他就睡在上面，枕着用草扎成的枕头。枕头已经枕得不成样子了。那只喝粥的碗，搁在草棚进口处的地上。雪从外面扑进粗糙的碗里，立即化了。

听到背后两声咳嗽，有人走过来。

"大人，不要再悲伤了。"晏婴转过身，是家宰。

"大人，不管好歹，事情总算办完了。您也要注意身体，好好休息一下。"家宰好仰头，眼睛老是向天上望着，好像双脚随时要离开地面。

"大人……"

晏婴注视家宰，心中升起一股感激之情。家宰将事办得有头有尾。这些日子里，他好像有话要说，但一直不曾开口。晏婴明白，这会儿他要倾吐了。

"有什么要说吗？"

"听旁人议论，这次大人为父治丧，没有按照大夫之礼举行仪式！"

"哦，大夫之礼？"晏婴有些惊讶。他出了草棚，面向站在庭院中的家宰："诸侯的卿，相当于天子的大夫。家父只是齐国一个大夫，相当于天子的士。晏婴怎能按照大夫的礼仪为家父治丧呢！"从墓地回来，走了长长的路，晏婴左脚草鞋上那个洞眼更大了。

"他们都说，事情办得也太简陋了。"家宰不再吞吞吐吐："晏氏虽非名门，但在齐国也算大族。桓子老大夫名闻诸侯，为晏氏增光添色。在他身后，大人如此料理，实在有些不大相称。如今举国上下，尤其是大夫们之间，都在议论纷纷。怕是不久，也要传到诸侯国里。到时别人还以为，是大人您不知礼仪啊！"他犹豫了下，好像不该添上这么一句："齐国可是个大国，有什么事都瞒不住的。"

"他们说的，是仪而不是礼。"晏婴匆匆环视一眼，仿佛寻找什么，又像陷入沉思。"礼是实，仪是华。好比一株桃树，礼是桃子，仪不过是桃花。桃花虽艳丽，桃子却实用。在众人的印象中，似乎只是溢美桃花，而对桃子赞辞甚少。晏婴所注重的，是礼之实，而非仪之华。"

空中忽然射下一道金色光线，晏婴与家宰几乎同时抬头，天放晴了，但雪还没止住。

家宰似乎有些蒙了，但他约略明白话中意思，不由问道：

"没有仪，能成礼吗？"

"齐自建国，太公便奉行'因其俗，简其礼'之策。其中之要便是务实。礼不可或缺，人人皆知。如何奉行？不是被一套繁文缛节死死束缚，而是心要到了，但不过分拘泥。当今齐国，人好夸饰，事好铺陈，非但浪费财物，也是虚耗人力。就以治丧来说，礼数多，用物重，无补于死者，而是折腾生者。长时间内，生者不能上朝，不能做工，一刻不得消停地遵从礼节，劳心劳力。稍一疏忽，就被指摘这儿不对，那儿不周。"

"大人说得对。"家宰点了点头，"小人听说，也看到过，有些卿大夫家治丧，一边为亡者陪葬大量车马、金玉、丝帛，一边却不按照礼制服丧守孝，更有甚者，脸上丢弃忧愁悲切，而沉浸于迎来送往中。"

"晏婴不在庙堂上，不能以身作则，但在自己家中，自己事上，还想在礼的轨范下，按照内心遵循，控制自己的行为。"

"大人所行，是节俭，不是简陋。"

两人站在那里，一高一矮对比鲜明。晏婴黑青的脸庞，在雪的映照下更加突出。多日劳顿，脸上显出憔悴。家宰这才注意到，主人脸上有些皴裂。目光下移，主人两只不大的手背上也是如此，有些黑紫。没看主人的鞋，也许是怕引起尴尬。

"快进门吧！快进门吧！"他这才想起催促主人进屋，以免着了风寒。

义吊庄公

马拼了命地驰骋，车轮急遽转动。驭者弓着身子，拉直缰绳，目光直直地盯住前方。晏婴两手握紧车前栏杆，竭力保持平衡。

车沿淄水西岸逆流而上，一会儿离得近些，一会儿远些。水像晏婴的脸，显得黑青。两侧铁色之石，映得中间流过的水，仿佛也成黑青的了。水时而平缓、时而迅捷。一条肥大的鲢鱼，在前面笨拙地游着，三只鲂鱼紧随其后，赤红的尾一闪一闪。

晏婴脑子里，现出与庄公见的最后一面：

算了吧，算了吧！

我不高兴，你来干什么呢？

……

晏婴刚一进门，乐队就奏起这支歌。坐定后，仍在奏着，反复奏着。明明应召而去，却接受这样的招待。歌是为他奏的，晏婴坐不住了。

他站起来，面朝北坐在了地上。

"晏大夫前来一起饮酒，为什么要坐在地上呢？"庄公不慌不忙，举起案上盛了酒的觚。

"臣听说诉讼的人，是要坐在地上的。现在我同您争辩，怎敢不坐在地上？"晏婴把目光投向庄公，"臣听说不讲道义、废弃礼仪、喜欢逞强好勇之人而厌恶贤能之士的君上，灾祸必定会落到他的头上。"

"呵呵，呵呵"，庄公一时无语。

"既然一次次的谏言不能被君上采纳，希望能允许臣离去！"晏婴斩钉截铁地说道。

"大人为什么一会儿叹气，一会儿笑呢？"车启动不久，驭者不解主人为何这样。

"我叹气，是因为我们君上不能免于灾祸；我笑，是因为我可以免于一死。"晏婴一声长叹，神情严肃。

车到东门。看门人挥手致意。日已过午，门

洞里有些昏暗。其实并不昏暗，只不过晏婴他们刚从日头地里，倏地驶进门洞里，眼睛还没适应，车便直直地驶进去了，门扇上一排排铜钉显得模糊。看门人抽了抽鼻子，闻到马、车与人从野外挟过的一股青草、日光与隐约的海风混合之气。

而在临淄西门——雍门，也迎来一辆匆匆的车，主人是祝佗父。祝佗父从高唐之庙祭祀回来，要向庄公复命。红中带黑的爵弁（biàn），像是野外一匹大雀的头，向东努力地伸着。

崔杼家住宫城南侧——岳街尽头。岳街在他宅子西边，从宫城直达临淄南门——稷门。晏婴熟悉的身影，映入人们眼里。

城市像刚从一场噩梦中醒来，茫然无语，又像台风来临之前的静寂。车前车后，许多人朝崔杼家奔去。也有人从那里回来，兴奋地向人吐露消息。车，不由放慢。晏婴闭紧嘴唇，双眉中间拧出一个疙瘩，像是麻绳打了个结。

嘎吱一声，车停住了。驭者将缰绳一拉，马的前蹄高高抬起，又落下来。

血腥的一幕，呈现在面前：

门与影壁之间，横七竖八歪斜着一具具尸体。现场一阵一阵浓郁酒气，缭绕其中。有人猜测，在惨烈的死亡到达之前，他们曾享用过美味的酒肴。

"唉，君上不该踏进崔大夫家，还把主人的冠一顶一顶送人。崔大夫立他为君，他怎能做出这样的事！"

"君上这是最后一次来了！"

"多行不义必自毙！"

原来庄公与崔杼后妻棠姜私通，屡屡前去崔家幽会。听说崔杼病了，这天又以探视病情为名而来。

崔杼哪里有病？不过是想引庄公上门，将其诱杀。崔杼唤过棠姜，厉声责道："你与昏君的事，我早已知晓，今天我要除掉他。要是配合得好，我且饶过你，立你的儿子为嗣。若是不从，我先砍了你们母子两个的头。"

棠姜哪敢不从，她说："先前君上威逼不已，我一个妇人，只得依了，如今只有听从夫君吩咐。"庄公不知是计，果然来了。那些日日簇拥左右的勇士，被拦在了门外：

"君上前来，诸位心知肚明，就请待在外面，不要进去打扰。"庄公的手下贾举高声喊道。

因为遭过庄公的鞭子，贾举早被崔杼买通。

庄公登堂。棠姜看见他，微微一笑，转身飘入室内，与等在里面的崔杼从侧门溜了。庄公不知内情，用手拍打堂前楹柱，轻轻哼唱起来：

> 室内是多么幽深啊，
> 那是美人儿游乐的地方。
> 室内是多么深邃啊，
> 那是美人儿相会的地方。
> 不见我的美人儿呵，
> 忧心到何时才是尽头呵。

堂外突然传来剑戈之声，庄公大惊。知道事情不妙，急急向堂后内室奔去。甲士呼拥而上。庄公力大，破门进入室内，又破窗跳入后面西庭。沿着一座高台，攀爬而上。甲士转眼围满台下。

"捉贼！捉贼！"

"不是贼人，我是你们的君上。"

"什么君上，我们奉大人之命，在此捉拿贼人！"

庄公请求放他走，对方没有答应；请求与崔杼和谈，不答应；请求回到太庙自尽，仍不答应。眼瞅后墙不远，庄公正准备跳过去。挨了一箭，在右大腿上。"唉哟"一声，庄公栽到地上，被抢先而上的甲士刺杀。

大门紧闭。围观的人站成一个大半的圈儿，层层叠叠。剑戈已经平息，不会再有什么危险了。晏婴站在那里，许多人将目光盯住了他。

"大人，要为君上而死吗？"

"他只是我一个人的君上吗？我为什么要去死呢？"

"要逃亡吗？"

"这是我犯下的罪过吗？我为什么要逃亡呢？"

"大人……那，那回去吧？"

"君上死了，回到哪儿去呢？"

晏婴又将那些可怜的死者扫了一眼，像是回答问他的人，也像是回答所有在场的人：

"作为一国之君，不是要高高地凌驾于百姓之上，而是要主持国政。作为臣子，不是为了得到一份俸禄，而是要保护生养他的国家。君上若为国家而死，臣子也当为他而死；君上若为国家而逃亡，臣子也当为他而逃亡。若是——"

晏婴将头昂起，凝视着天："若是君上为自己而死，为自己而逃亡，不是他宠爱的人，谁会一味跟随他呢？"

高大的门仍然紧闭，晏婴盯了一眼："有人立了国君，又把他杀了，哪里要我为他而死，为他而逃亡呢？可是——"晏婴似乎要从人群里找出他的驭者，又将目光投向他的车："我又能回到哪里去呢？"

大家听了，一时茫然无措，不知该走还是继续待下去。一只大鹫（jiù）斜刺里忽高忽低地盘旋，似乎想要下来。

大门訇的一声打开，贾举忽地倒了下去，两个甲士架起他的胳膊，拖到一边去了。

"晏大夫，有请！"有人招呼。

在众人疑惑的目光中，晏婴小心避开死者，不慌不忙地迈着步。有人在前面导引，穿过死亡之气与杀气笼罩的大宅，穿过让人不敢出声的岑寂，径直来到后面墙下。

庄公躺在墙下，仿佛睡着了。一支长长的箭，扎在他的右大腿上。脸朝东向上仰着，仿佛在呼唤，仿佛在怒斥，仿佛在祈求，仿佛在叹息。脸色苍白，生前那种红润之色与洋洋得意之情全不见了。冠歪斜着，几绺坚硬的头发凌乱委地。衣裳上又有血，又有土。两只手，一只紧紧地攥着，仿佛在凝聚力气，好向人挥去，另一只却掌心向上，轻轻地摊开了，仿佛向命运做着不情愿的告别。

晏婴卸冠，袒露左臂，坐于地上，搂住庄公右大腿，仰起头，大声号哭起来。

这是一个男人沉痛的有理有节的号哭，沙哑、压抑。整个宅子的岑寂，一下子被打破。仿佛一口幽闭的井，丢进了一粒石子。他站起来，沉沉顿足三次。一切按照臣吊君的礼仪。

不知何时，大宅的主人——崔杼，过来了。

"你为什么不死？你为什么不死！"

崔杼脸上冷冰冰，仿佛被吓坏了，又仿佛后悔打破了一把陶壶。他咬牙切齿，仿佛要等晏婴等人全部死了后，他才去死。

晏婴朝这个位高权重的同僚漠然扫了一眼："灾祸开始的时候我不在场，结束了我也不知道，我为什么要去死？我听人说，若把逃亡当成好的行为，怎能保护他的君上？若把死当成一种道义，怎能立下事功？"他朝庄公尸体望了一眼，"难道我晏婴是个女奴，主人死了也要跟着去上吊吗？"

不知是恼怒还是羞愧，崔杼的脸憋得通红，怔怔地站在那儿，仿佛不是在自己家，而是在别人的地盘上。

晏婴转身离去。

"杀了他！"有人在背后叫嚷。

片刻，崔杼咬牙切齿："还是放了他吧！他是百姓敬仰的人，杀了他，我们会失掉民心。"

有人在前面领路，大门推开了。晏婴出来，

站到台阶上。他看到又有两人倒在血泊中，一个是祝佗父，一个是申蒯（kuǎi）。祝佗父的冠，那顶红中带黑的爵弁，滚落一旁，像是被拧断的雀头，右手曲着，剑把还握在手里，剑刃已离开脖子，衣服上有片汗渍。申蒯衣裳平整，冠安稳地戴在头上，双眼微合，盯着渐渐暗下来的天，剑扔在一边，决绝而又从容。

申蒯被杀前曾出使晋国，回到家中。家宰问他："崔杼杀了君上，大人打算怎么办？""怎么办？唯有找上门去，以死报答。你带上我的妻子儿女逃亡吧！"他深切地望着可以托付的家宰。家宰质问："君上无道，齐国内外无人不知，大人搭上性命，有什么值得称道的？"

"你说得不错，"申蒯长叹一声，"如果早早告诉我，我还能劝谏，君上若是不听，我就离去。但我听说，享用君上的俸禄，就要为他效命，现在君上死了，我又怎能活在世上呢？"

"大人碰上如此一位昏君，尚且为他效死，我有一位忠义主人，怎能不以他为榜样，与他同行呢？"申蒯离开不久，家宰便自缢了。

看到主人出来，驭者挤开众人迎上去。晏婴跨过死者，再次回头，朝申蒯与祝佗父意味深长地望了一眼，打了一揖。到了车跟前，驭者一个箭步跳上去，晏婴则抓住递过来的绳子，缓缓登上车舆。

"驾——驾——"掉转车头后，驭者吆喝着，急欲离去。晏婴按住他的手："慢些！跑得快的不一定能活，慢的不一定能死。鹿生长在野外，可它的性命系于庖厨。我能有什么危险呢？"

拒受邶殿

"公子买、公子鉏、叔孙还三位大夫，恢复各自以前所有城邑，所需器用先从国库支取。"

就在众人打量三人的时候，景公的话传下堂来。晏婴看去，三人还是老样子，只是公子买憔悴些。此刻，他也显得无比激动。七年前，公子鉏、叔孙还分别逃亡到了鲁国、燕国，公子买则被拘禁在了句渎（gōu dòu，今山东菏泽北）。期间曾有人前去那里看望过他。此刻，公子买看上去有些沧桑。

众人议论，这场旷日持久的崔、庆之乱，始自崔杼迎立庄公的次年（前553），他大肆清洗、驱逐公子牙的党羽，庄公六年（前548），更是直接谋杀了庄公。随后景公即位，崔杼为右相，而让庆封担任左相。崔、庆二人之间本来就有矛盾，互不服气。庆封为了消灭对手崔杼，利用崔杼儿子间的矛盾，煽风点火，设计让他们相互残杀，最后趁机将崔杼家老少全部灭掉。

独揽大权后的庆封变得更加骄奢淫逸，为所欲为，整天沉湎于酒色游猎之中，并将大权放手交给儿子庆舍。不久，栾、高、陈、鲍四氏联合，将庆舍杀死，庆封被迫逃亡吴国。

"'庆父不死，鲁难未已。'在我齐国，何尝不是'庆氏不除，齐无宁日'啊！"说话的是梁丘据，声音尖细，像从笙管里发出，与他粗壮的身形极不相称，"君上命系于天，用人有方，才使庆氏落到如此下场！"

骄横粗疏的庆舍，中了他的女儿、女婿卢蒲癸的激将之法，二人不让他去太庙主持秋祭，他偏要去。

那天一早，天空就静得可怕，无风，也无云，仿佛一个空空的大皮囊。庆舍踏着咚咚作响的步子，进入公宫，迈向太庙。进庙门前，他回过头，扫视左右，圆瞪的大眼露出狠戾之气。侍卫左右的卢蒲癸、王何站住，心中一惊，随之又尽量安定。

位于公宫内的太庙，太公之庙，乃齐国第一大庙，所供奉的是开国之君吕尚吕子牙。

在大夫们的簇拥下，齐景公缓步跨入太庙。惯于华服的他，这次祭服披在身上，显得有些滑稽。大夫们有高有低、有疏有密地鱼贯而入。进庙门前，有人抬头，仿佛觉得偌大的天被隔在外面了，一会儿才能复睹。

庆氏甲兵，环绕公宫周围。

陈氏、鲍氏的养马人，合在一处，在宫前表演起了节目。两家走得近，下人们也熟悉得很。他们配合默契，表演声色顿起。行人到不了跟前，只远远地看。扮成艺人的时而一本正经，时而插科打诨，行人将掌声与喝彩声，此起彼伏地送了过去。聚精会神的当儿，突然陈氏马群里有匹马，冲进了庆氏马群里，庆氏马群一阵大乱，嘶鸣不已。人们又将目光转移到了那里，庆氏甲兵纷纷冲了上去。

折腾了好一阵子，庆氏甲兵才将马控制住。然后他们摘下头盔，脱下身上的铠甲，将剑、戈与戟放在一堆儿，也加入观众队伍里。他们坐在地上，饮起了酒。长长的一溜儿，一直排到名叫鱼里的巷子。

庆氏甲兵，连同行人，谁也没有留意，栾、高、陈、鲍四氏徒兵，偷偷戴上了庆氏甲兵的盔，穿上了他们的铠甲，取走了他们的剑、戈与戟。

而在庙里，庆氏族人，有充当受祭者，有作为上宾者，正在专心致志地举行仪式。高人一等的庆舍，阴着脸站立中间。他的神情远远地，心思显然不在庙里，不在祭祀上。他在想，这次祭祀，要不是女儿极力劝阻，他根本不屑前来。"哼！她说有人竟想作乱，谁吃了熊心豹子胆，我今日倒要看看！"他的脸上沉沉的，也许在等乱子发生。

"唧、唧、唧——"什么声音？站在门边的高子尾，从腰间抽出槌子，在门上敲了三下。众人正纳闷之际，卢蒲癸抽剑从背后刺向庆舍，王何

折腾了好一阵子，庆氏甲兵才将马控制住。

则从左边，操戈猛烈一击。庆舍左肩和后背被击中了。"作乱的原来是你们两个小人！"庆舍两只眼珠，似要迸裂出来。他用右手陡然朝上一探，拉动庙的椽（chuán）子，所有栋梁为之撼动。众人先是惊愕，待反应过来，纷纷向外挤去。庆舍一个箭步冲上前去，抓住案上盛肉的器物、盛酒的壶，向王何胡乱掷去。武装了的栾氏、高氏、陈氏、鲍氏的武装甲兵，从庙门口涌了进来。

"臣子们为了君上才这样的！"鲍国扶住惊慌失措的景公，"君上不要害怕！不要害怕！"陈须无将自己的车招过来，将景公推上去，离开太庙急往回赶，驶入内宫。

原本跟从庆封出猎的陈无宇，听从父亲陈须无的妙计，提前返回临淄。过河之后，毁坏了舟船，拆除了桥梁。待庆封赶回城下，已是十二天后。他攻入城里，攻打内宫，在岳街上叫战不休，但大门小门都紧紧关闭。庆封投奔至鲁国，齐国派人责备鲁国。庆封只好转而南下吴国，吴王将一块名叫朱方的地方赐给他以落脚。

剿灭庆氏，栾、高、陈、鲍四氏立下首功。

栾子雅，高子尾，陈须无、陈无宇父子，鲍国，依次接受封赏。

晏婴、北郭佐虽没派兵参与剿庆，但在事前拒绝庆氏拉拢，各赏城邑六十。

晏婴所受的封赏是邶殿（bèi diàn，今山东昌邑西）六十个城邑。

庆氏被除前，庆封本想除掉栾、高两氏。他派析归父游说晏婴，晏婴回答："晏氏人数不多，又都无勇无谋，难以参与大事，请你转告庆封，此事我不会泄露出去，如果不相信，我可以盟誓。"析归父若有所失，嘴上却道："算了吧，算了吧，晏大夫都这样说了，哪里还用得着盟誓。"又找到大夫北郭佐门上，也被拒绝了，析归父又悻悻地离开了。

"君上，晏大夫功劳，不单在剿庆之前拒绝拉拢一事，早在崔、庆专政之始，他就不予合作。"大夫陈无宇站了出来，他总是发人之未发，浑身上下带着一股神气。

景公与臣子们，想起那次太庙盟誓：崔、庆初立景公，要挟齐国卿大夫。他们在太庙里筑起大坛，坛前挖出大坑。手执剑戟的甲士，围了几层。前来的人依次登坛，宣誓："不归顺崔杼、庆封，将遭灾祸！"七个不愿宣誓的，被全部杀死并推了下去。

轮到晏婴，他佩剑而登，脚步沉缓。站定，仰首向天，长叹一声。"晏婴如不亲附忠君利国的人，上天为证！"誓罢，将血酒一饮而尽。台前虎视眈眈的崔杼，气急败坏，半截剑哗地出了鞘，目光上视。一边的庆封，扭头瞅向崔杼，双眼眯起。晏婴站在台上，没有移步。盟过誓的人面露愧色，将盟誓的仿佛在等待着什么。空气刹那间凝滞不动。有人走过去，俯首崔杼耳边。在众人仰视中，晏婴转身下来。

陈无宇的一番话，令很多臣子感觉不大自然。"大家都这样，大家都这样嘛！"他们在心里安慰自己，随之坦然。

往事不堪回首，这个祖上来自陈国的陈无宇，好像要丢他们齐国人的面子。再说，当初你陈无宇不也这样！

"臣请求辞退邶殿六十个城邑。"晏婴请求道。

众人疑惑之际，高子尾站了出来："富有，是大家都追求的。晏大夫，你为什么要拒绝呢？"

"是啊，是啊！"众人心里附和。

"庆封的城邑，虽然很多，也满足了他的欲望，结果他却逃亡了。我的城邑，目前还达不到这个地步，如把邶殿加上，欲望就满足了。满足了欲望，那离逃亡就没几天了。逃亡在异国他乡，连一个城邑都不能拥有。不接受邶殿，不是我讨厌富有，而是害怕失去富有。"

公子买、公子鉏、叔孙还三人，想起了失掉城邑、逃亡在外的酸楚。刚刚增加了城邑的栾氏、高氏、陈氏、鲍氏，觉得晏婴有些过分。

晏婴打个比喻："富有，就像布帛一样，要有一定幅度。给它制定幅度，使其不能改变。人，总想生活富裕、器用丰饶，卿大夫更想城邑众多、奴仆无数。因此，就要修养道德、端正态度，对拥有的东西加以限制，让其不致匮乏，但也不要过分，这就叫限制一己之利。一己之利如果过了头，就要遭受败坏，以至灭亡。"从其瘦小胸腔里，发出如此铿锵有力的声音，惊到了众人。

"——我不敢贪多，就是要严守这个限制！"

"富有、幅度……"众人窃窃私语。晏婴的一番话，是对接受封赏者的一个提醒，还是对没有接受封赏者的一个安慰？

"听了晏大夫所说，不由想起去年卫国大夫公孙免馀拒受六十城邑之事。"高子尾目光仿佛在盯着每一个人，他的脑子转动很快，脸色苍白，好像带些浮肿。

上一年，在卫侯许可下，公孙免馀攻打宁氏，杀了专权的宁喜。卫侯要赏封给他六十个城邑，公孙免馀辞谢说："只有卿才能拥有一百个以上的城邑。我已经有六十个了，再加上这六十个，就达到一百二十个了。爵位低的人有了爵位高的人的俸禄，不免会造成祸乱。宁喜就因城邑多了，命运遭到覆灭。我这样做，是害怕死亡很快来临。"在卫侯执意嘉赏下，公孙免馀勉强接受了一半。

"公孙免馀这样做，就是不致超过晏大夫所说的'幅度'。"栾子雅面带微笑，一副坦诚的样子。"庆封的富有，真是超过'幅度'了。不说他的城邑，单说他的车，就让鲁国人议论个没完。"

庆封逃亡前，一次出使鲁国。他那辆车，铜件锃（zèng）亮，油漆闪光，可以照出人影，车子装饰豪华，宽大轻便。在鲁人的赞叹声里，驶过曲阜大街小巷。鲁国大夫孟孝伯对叔孙豹说："庆封的车也太漂亮了吧？"叔孙豹回答："我听说，衣饰与人不相称，必然遭到恶果。车漂亮，又有什么用！"离开临淄进入曲阜后，庆封将他心爱的车，作为重礼，送给鲁国执政大夫季孙宿。展庄叔进见季孙宿，说："车要是光亮，人必然憔悴。庆封逃亡，真是活该啊！"

"臣听说，庆封现在到了吴国，得到朱方这个地方，富有程度甚至超过未逃亡前。"不知是谁感慨一句。

"就这件事，鲁国大夫叔孙豹回答子服椒说：'好人富有叫作奖赏，坏人富有叫作灾殃。上天恐怕要将庆封族人聚拢一起，然后杀掉。'"有人坚信，庆封不会有一个好下场。

"就是族人也对庆封生出不满。"又有一人搭话，"他准备逃亡吴国前，族人问他，晋国近，为什么不去晋国？庆封回答，还是到遥远的国家好避难。族人应道，能够改正，到晋国就行了；不能改正，就算逃得远远的，也不能安居！"

"这样一个愚蠢的人，迟早要得到报应！"齐国大臣鲍国开口了，他的嘴总像要说话的样子，但其实话并不多；话虽不多，但主意牢靠。"回想庆氏这几年里胡作非为，真像做了一场噩梦。"

"君上，赏赐臣的城邑太多了，臣请辞掉大部！"栾子雅致意道。

"君上，臣请奉还全部城邑！"高子尾拱手道。

季世之论

"晏大夫，我记得初次晤面，还是在八年前。"

"是啊，时光如流。"

"齐国如今怎么样？"

"羊舌大夫，我不知该如何回答你。齐国现已出现末世之象，恐怕将要成为陈氏的天下了。"

"哦？"

"赋重刑滥，齐君抛弃他的百姓，百姓就会像流水一样，渐渐归依陈氏。"

"果真如此？"

"男人耕田从早到晚，女人纺织自明至黑，一刻不得停息。生产出来的东西，大部分上交公室，自己只能留下很少一部分。齐国的仓库，多少粟米一车一车地运进去，却总也装不满。齐国的公宫，多少丝帛一捆一捆地运进去，却总也没个够。山林中的树木、洼地里的蒲苇、荒野间的柴火、大海里的鱼盐，都有看守。关卡重重，横征暴敛。就像一个漏斗，永远也没个底，永远也填不平。君上、卿大夫和他们的妻妾子女，占着纨绮皮毛，佳肴美酒。他们的马嚼着精细的五谷，狗吞着牛羊猪肉。树上挂着锦绣，鸟笼饰上金玉。衣裳生虫了，粮食发霉了，肉酱变臭了，酒变酸了，车朽坏了，马衰老了……东西宁肯浪费掉，仍不忘榨取。君上又爱营建宫室台榭，工程一座一座没完没了，耗费巨大，人力凋敝。聊城、摄城以东，姑水、尤水以西，举国之内，多少百姓都在诅咒。"

"唉……胗（xī）听说，贵国齐桓公之世，可不是这样。"

"那时国库没有储藏，财物都在人民手里。公宫之于人民，有节制地收取，普遍地施予。公宫没有多余衣食，卿大夫家没有多余俸禄。老弱病残、孤儿寡母没有饥饿之色，不缺四时之衣。"

"那时刑法有常规。"

"是啊！但如今齐国滥施刑法，裁量过重。比如触了槐树，伤了楸树，碰了竹子，养马人喂死了马，打猎时百姓惊飞了鸟，都要问罪。被抓捕的人关满了监狱，非议的人充满了朝野。大兴砍脚的刖（yuè）刑，以致临淄市上，鞋的价格便宜，假肢的价格昂贵。大的小的，长的短的，肥的瘦的，花色各样的踊，充斥摊位之上。人民怨声载道，四处流散。"

"齐地原是爽鸠氏的居所，爽鸠氏是少皞氏的司寇，司寇执掌刑法。看来刑法酷烈并非偶然。"

"陈氏截然相反，他们在齐国上下广施恩惠。对于困厄的士大夫，慷慨赏赐。齐国有豆、区、釜、钟四种量器，四升为一豆，四豆为一区，四区为一釜，十釜为一钟。陈氏自制的豆、区、釜三种量器，都多出一个单位，五豆为一区，五区为一釜，钟就更大了。陈氏用他们的量器将粮食借出，用齐国的量器收回，多借而少收。他们将山上、海里的货物运到市上售卖，价格却比在山下、海边时便宜。"

"陈氏如此仁惠！"

"昔时纣王动辄杀人，文王对逃亡到岐渭之地的殷商百姓，收容救济。天下百姓都抬起脚跟远望，终于归周。百姓对于有德的人都会主动亲附。齐国的君上虽然不比纣王，但陈氏俨然有文王之举。"

"去年公主少姜嫁给敝国君上，陈无宇大夫曾来送亲。君上嫌其只是上夫夫，不是卿，还将陈无宇羁留半载。肸不才，为其说情，君上才将他放回。我观陈大夫，果然气宇轩昂，风度不凡。"

"陈氏代齐，怕是天命吧？从陈完到陈无宇，陈氏在齐国已经经历了五代。相传陈完生下来不久，恰逢周太史路过陈国，陈国国君请他占卜。卦象表明，陈完子孙将在别国得到君位，这个国家是姜姓国。陈完长大，陈国大夫国懿仲想把女儿嫁给他，又占一卦。结果表明，他们夫妻将如凤凰一样高飞天上，鸣声锵锵，他们后代将在姜姓之国成长，第五代升爵至卿相，第八代升至君位。陈无宇正是第五代，他的地位不可限量。至于第八代，则不是你我所能见到的了。陈氏祖先箕伯、直柄、虞遂、伯戏，以及周初始封陈国的胡公，将在齐国享受丰盛的祭祀。"

"'……爱之如父母，归之如流水……'这支称赞陈氏的歌谣，已经流传到晋国了。"

"晋国怎么样?"

"晋君也像齐君一样，喜欢建造豪华宫室。他宠爱的姜婢家族财富积聚丰厚。反观公室，卿没有可以掌握的军队，零散的士卒没人指挥，落满灰尘的兵车没人去驾驶，羸（léi）弱的战马不能拉车。栾、郤（xì）、胥、原、狐、续、庆、伯八个昔日大族早已衰落，子弟沦陷到社会下层做奴仆。晋国政权如今到了新兴大夫手里。人民听到国家命令，就像逃避瘟疫一样。饿死的、冻死的百姓，道路上随处可见。君上只知享乐，公室没落，私门膨胀，人民无所适从。晋国也已到了末世，还能有多少日子呢?《谗鼎之铭》说，即使整天勤奋工作，修明德政，后世子孙还有懒惰不成器的。现在君上耳不聪目不明的，不思改正自己的过错，这样一天天下去还能维持长久?"

"羊舌大夫打算怎么办?"

"还能怎样！公室没落时，他的宗族就像枝叶一样首先凋零，然后蔓延到树身。羊舌一宗原有十一族，如今就剩一族了。肸又没有一个好儿子，他的言行使我忧愁。如果幸运，肸能得到一个善终的结果就不错了，哪里还指望能获得子孙祭祀！人的力量尽到了，命运只能听从上天安排！"

"……"

"晏大夫，请举杯。"

"羊舌大夫，谢谢。……还记得五年前，吴国公子札那次北上聘问吧。"

"记得，记得。"

"他在晋国也留下了金玉良言。"

"是的！他对赵武、韩起、魏舒说，晋国将来要归于你们三家了！我们见面后谈了良久。分别时，季札对肸说，夫子勉励！你们君上侈靡，臣子们却十分优秀，卿大夫都很富有，国政将要旁落私门。夫子正直，一定不要卷入纷争，这样才能免于灾祸。季札在短短几天里就敏锐地看到了，肸身处其中，日日都能感觉得到。肸无时无刻不在告诫自己，警醒自己。"

"公子札对婴也有赠语。他说齐国政权将有归依，未归之前，内乱不会停止。他让婴退还封邑、辞掉爵位，说如此才能躲过灾祸。婴听从他的建议，通过陈无宇大夫，婴将封邑与爵位全部归还了。之前栾、高、陈、鲍四氏联合起来，将庆氏从齐国清除了。于是齐国政权从庆氏手中，转移到了栾、高两氏。现在看来，他们的权位还不稳定。依婴看来，最终齐国权柄将归陈氏。这个过程，不知要经历多长时间。"

"季札听乐，便知一国过去、现在与未来。"

"是啊，听了齐风，他便赞叹是大国之音。他说，齐国前途不可限量。可是，此齐国将要变成彼齐国，陈姓替代姜姓。"

"生逢末世，你我如何为臣？"

"于君谏，于己约，于民宽，三者而已。"

"如何讲？"

"作为臣子，对于君上过失，不无视、不掩饰、不迎合，直谏、争谏、强谏，不怕犯颜，舍命固然是好，在婴看来，寻找时机、讲究方式、旁敲侧击，达到规劝目的为佳。"

"这是社稷之臣才能做得了的。"

"作为臣子，首先就要尽心尽力，力不能及那就退隐。侍奉君上的常道，独居闲处的原则。侍奉君上有三个层次：智慧谋略足以安定国家，仁慈温厚足以引导人民，是上等；正直纯洁，不阿谀上级，不偏袒下属，不夸大自己才干，不说别人坏话，是次等；做好本职工作，不懈怠，不苟且，不越界，是下等。独居闲处有三种人：一种才德俱全，辨别时势，进则侍奉君上，退则独居闲处；一种不进言献策，不身体力行，选择静隐乡野，闲观风月，种麻编鞋；一种眼中无君上，心里无百姓，不顾念家人，不记挂朋友，行为怪异，装腔作势。前两种可称君子，后一种只是自私，有时还喜欢沽名钓誉，最为可憎。"

"君子的大义是什么？"

"与世俗调和却不同流合污，注重细节却不苟求，认真却不狡猾，温顺却不躬屈，言行洁净却不挑剔别人，棱角分明却不伤及无辜，尊重大德贤才却不鄙视能力不强的人，富贵却不轻看他人，贫穷却不改变节操。这，就是君子的大义。"

"要怎样才称得上光荣？"

"以忠诚对待君上，言辞不后悔；以孝顺侍奉父母，行为不后悔；对兄弟和睦；对朋友真诚，不猜疑，不索取，坦诚，谅解。有机会就治理百姓，使君上得到尊重；没有机遇就修身养性，使自己变得完美。"

"如果达不到光荣，怎样做才能保全自身？"

"不心怀幻想，不心存侥幸。早做谋划，付诸行动。得到了是应该，得不到也不是自己的过错。"

"身处庙堂，如何治理人民？"

"爱护人民，与民同乐，没有比这更高的道德，没有比这更厚的行为。反之，没有什么比伤害人民更低劣，没有什么比危害人民更卑贱。"

"君上不遵循法则，不施行正义。作为臣子，秉承君意就会遗弃人民，违背君意就会抵触法则。晏大夫，是秉承君意而遗弃人民呢，还是保护人民而不顾法则呢？怎样做才能心安？"

"婴听说，地位卑下但不失自尊，违背君意

但不失正直，这是因为把人民当作根本。如果保护人民，怎么会遗弃法则？如果遗弃人民，怎么会秉承君意？"

"古训有言，人民是国家的根本，人民安居乐业了，国家才会兴旺昌盛。"

"我们先大夫管仲也曾说过，人民是公室的根本。"

"可是齐、晋两国之君，正在失掉他的人民。"

"齐君当前要做的，一是减轻赋税，二是减轻刑罚，这样才能把百姓之心从陈氏那里争取回来。一直这样下去，如果没有陈氏，齐国也会遭到难以预测的命运。吕氏要想不被陈氏替代，还有重要一点，那就是礼！礼与天地并存，是一个国家的治理之基。上下有序，父子、兄弟、夫妻之间这样，君臣之间更是如此。君上发布命令没有错误，臣子忠诚执行并无二心。如今陈氏用君上所赐，广施士大夫、人民，好比以他人之物赠人，借以获取百姓支持。与君争民，不是臣子所为。君弱臣强，下上颠倒，齐国能不衰败吗？"

"晏大夫准备怎么办?"

　　"一心一意,在多大位子上,就付出多大努力。"

　　"即使这样,末世也不可挽回。"

　　"天道轮回,更替不息。你我所能做的,就是校正君上,维护国家,心念人民。"

复其旧宅

　　站在晏婴对面的，是个瘦高的年轻人，眼白多，嘴角向上翘起，下颌稍微突出。他叫弦章，原是晏婴邻居，隔着小巷住在前面。弦章身着褐衣，大而宽的脚，伸展在草鞋里。晏婴身着黑粗布衣，外披狐裘，裘上的毛已磨得像毡子，变得薄而硬，颜色也混浊了，像是布满灰尘。

　　"'不是住宅需要占卜，而是邻居需要占卜。'你们都是晏氏经过占卜的好邻居，已经相处多年了。将你们的住宅拆除，是不合礼的；赶走你们，无视占卜是不吉祥的。既不合礼又不吉祥，君子不会去做，我怎敢违背呢？"日光明亮，映出晏婴黑青的脸。"弦章，你搬回来吧！告诉邻居

晏婴身着黑粗布衣，外披狐裘，裘上的毛已磨得像毡子，变得薄而硬。

们，让他们全都搬回来。你看，已经都按原来样子盖好了，你们能认出自己家门的。有什么不方便，尽管来找我好了。"

"晏大人，您这样做，君上知道吗？他会答应吗？工匠们起早摸黑，好不容易盖好，您却让人给拆了，恢复成原状。"弦章有点儿脸红，"这怎么行？"

"怎么不行！"

越过弦章肩膀，晏婴盯住他家后墙，土还没干，但夯得密实，版筑时圆木压出的浅弧形，一道一道，整整齐齐。他闻到了土的味道，不是新鲜的，也不是陈旧的，两者兼而有之。

"好，好，"弦章答应。

晏婴转身，米粒大一只蜘蛛，张开细长的脚，忽然落上狐裘后背。

小风吹过，天气好极了。

从宫城北门出来三个人，中间是景公，右边是陈无宇，左边是梁丘据。他们步子不疾不徐，沿着庄街，向晏婴家走去。日光照临大街，带着一股新鲜湿气。

三个人心里，不约而同掠过同一件事：

　　前些日子，景公想为晏婴更换住宅，他说：
"晏大夫，你的住宅靠近集市，低湿、狭小、喧闹、尘土飞扬，住着实在不合适，寡人要为你换个地方，在明亮干爽处。"

　　"臣的先祖住在那里，有好几代了。我不能继承他们的功业，勉强住着，已经有辱他们的名分。"晏婴回答，"虽有不适，但是靠近集市，购买东西极其便利，这是臣非常喜欢的原因，哪敢麻烦君上为臣建造新住宅。"

　　"哦——"景公略一停顿，问道："靠近集市，你知道什么东西贵？什么东西贱？"

　　"这个……"晏婴略一迟疑，朗声应道：

　　"假肢贵，鞋贱。"

　　堂下一时鸦雀无声，臣子们不知是该向着景公还是晏婴。大家面面相觑（qù），默默地垂下了头。

　　后来晏婴出使晋国，景公命令工匠为他改建住宅。邻居们起初不明白，但知道是为晏婴好后，纷纷表示理解，虽然舍不得让出住了多年的房子，更舍不得离开晏大夫这个好邻居，但为了让他住得宽敞、舒适、明亮，还是在依依不舍中，眼睁睁地看着前后左右被推成一堆废土。弦章搀着母亲，母亲一步一回头，她想见见晏婴，可是他不在家。

"晏大夫出使晋国了！"弦章被绊了一下。

没过多久，晏婴住宅周围，起了一圈新的建筑，晏婴住宅从里到外也被翻新了。

一个左脚一瘸一拐的人横过庄街，看到景公三人，有些惊慌，于是加快步子，右脚一踮一踮的，左脚被拖拉着，显得好笑极了。

"君上，举国上下都在称颂您的仁慈，说您对那些本该治罪的人从轻发落，真是齐国历史上难得一见的好君上！"帽子上鲜红的带子，兜住梁丘据那肥厚得几乎快被淹没的下巴，系了在冠上。"就是列国，恐怕也找不出像您这样宽宏大量的君上了。身在当今齐国，真是我们的洪福！"

经过一株臭椿时，梁丘据微喘着说："君上，晏大夫真是个执拗的人。他那一件狐裘，穿过多少年，都旧成什么样子了，总也不换。要在人群中找他，只瞅那件破旧的狐裘就行了。那次您让微臣给他送的狐白之裘，真是漂亮，雪一般纯白，一根杂毛也没有，衣边用黑豹皮镶着，价值千金。臣送了三次，他拒绝了三次。总共就两件，君上一件，另一件是想送他，可是硬送不出去！"梁丘据又是一阵感慨。

陈无宇扭头，看到掉过脸面、朝着景公堆满了笑的同僚，也想起一件事。"听说晏大夫平日用餐，只是简单的糙米、鸡蛋与薹菜而已，君上不忍，让臣前去送他无盐与台两座城邑吧，可是——"陈无宇欲言又止，他冠圈两旁伸下的缨，在下巴处打了个结，下垂部分晃动不止，他的面庞显得俊朗极了。

"晏大夫的车是破旧的，马是羸弱的，君上让微臣送上好车良马，反复几次，还是被推辞了。"梁丘据又道。

景公一边听两人说晏婴旧事，于是也想起几桩来："他们一家从上到下，身着粗布衣裳。用餐，即使有肉也只一种。祭祖，所用牺牲都盖不住器具。寡人有次派使者去他家里，使者被留下来吃饭，结果晏婴没吃饱，使者也没吃饱，还记得使者回来汇报时，他那惊奇的眼神。当你们一次次往返，晏婴拒不接受裘、邑与车马时，寡人也觉得他有点小题大做了。这次为他扩建住宅，费了那么大劲儿，结果全部被他拆建成原来布局了！"这次，景公决定与两位大夫一起到晏婴家里，看看到底怎么回事。"马上就要到了，晏婴这会儿在做什么呢？"他想。景公冠上镶嵌的一圈儿青碧玉珠，在日光里闪烁着强光，很是刺目。

向东下到小坡，走进巷子日光顿时不见。像是钻进了一个长长的门洞，有些逼仄，有些阴凉。一股动工后水、土、灰与漆的混杂味儿传过来。"阿嚏——"景公打了个清亮的喷嚏。

陈无宇极力辨别，突然惊叫道："不是原来样子——不，正是原来样子。"他来过多次，拆前来过，新建成后又来过。"新建的萧墙，找不到了——位置正在弦章家住宅后墙地基上。"当时他还左右打量一番，觉得建得有点儿低了。监工凑到跟前，一副极力讨好的样子，他知道陈无宇是个认真的人。

大门敞开，爱仰头的晏婴家宰赶紧低下目光，将三人迎了进去。

景公坐到堂后门与窗之间，面朝南；陈无宇与梁丘据面朝东，坐在西序下；晏婴坐在两位大夫对面。

坐下之前，客人在堂上来回打量。他们都来过，陈无宇、梁丘据还不止一次。他们极力分辨堂内与以前有何不同。浓烈的漆味儿、灰味儿，围住了他们。堂前柱子上、堂后门窗上、头顶上栋梁及其支撑的物件上，油了一层红漆。东序、西序与堂后墙上，则新刷了一层晃眼的白灰。地面经过处理，比以前平多了。现在堂上看起来宽敞、明亮。梁丘据来回踱着，赞叹不已。

"在我齐国，多少大夫家里重屋回廊、雕梁画栋，晏大夫，你家也太寒碜（hán chen）了，把家里布置得这么寡气。"景公不知，晏婴已将栋梁、柱子油了一层红漆，在三面墙上涂了一层白灰，把彩绘覆盖了。

"君上，臣听说先大夫管仲，因把住宅建造得高大深邃，房屋装饰得富丽堂皇，遭到时人诟病，成为自己品德的一个污点。"

一对燕子在堂前上下翻飞，展开轻盈翅膀，"咿——咿——"地叫着。晏婴瞥了一眼。"君上，您看这两只燕子，原在檐下筑有巢，这次翻新给毁了，闹得没住的地方。晏婴有了新家，燕子却失去了旧巢，这是损它而利己！"

梁丘据望向堂前东廊下，那里陈放着主人的车。舆全用木条、竹条围成，日光穿过，影子长而窄，从西向东慢慢移动。漆看不到了，木条、竹条蹭得光滑。车上物件，有些修过、补过，新旧不同。舆中间的垫席，这会儿搭在舆前直木上，席子破了一个洞，用一块布做了补丁，历历分明。

"晏大夫，这辆车还在用着，可要好好保护啊！"

堂下穿过一位老夫人，一枝竹簪子穿过花白头发。

陈无宇不知这是主妇，第二次见她从堂前走过时，不禁问道："这老妇人是谁？"主人回答："是我妻子。""呵，晏大夫，你怎么不娶一位年轻漂亮的妻妾，却整天同这样一位老妇人厮守？"话说出来，顿时觉得有些失口。

"陈大夫，"晏婴端正神色，"婴虽不才，但听人说过，抛弃年老的妻子，叫作乱；纳年少的女子为妾，叫作淫。弃大义、悖人伦的事，我不会做！"

"晏大夫言重了，无宇不过随口开个玩笑而已。"

看到客人有些尴尬，主人态度随即缓和："拙妻现在确实又老又丑，但她与我一起生活多年了。她在年轻貌美的时候嫁给我，随着岁月流逝，变成了这般模样。我不能辜负她的托付，将她抛弃。"

"晏大夫，俭朴固然是种好品德，但太过分不行，自己姑且不说，你这样做是在埋没君上对你的赏赐与恩惠。"一阵小风，吹动了陈无宇颔下的緌（ruí）。"再说，你的俸禄都到哪儿去了？"

"哦，陈大夫，"晏婴面对着他，"凭着君上俸禄，婴父族的家人没有不乘车的，母族的家人没有不丰衣足食的，妻族的家人没有挨饿受冻的，城里靠我接济生活的贫寒之士还有百十家。请问我这样做，是彰显了君上的恩赐呢，还是埋没了？"他停顿下，又开口道："估量财物多少而节俭使用，富贵时将多余财物分给别人，不储藏，贫穷时不向别人去借，这叫啬；积聚太多，自己生活丰厚而不施舍别人，这叫吝；不把财物分给别人，自己又不能过优裕生活，这叫爱。吝与爱，是小人的行为；啬，是君子的法则。"

"说得对！说得好！"见陈无宇无话可对，景公忙打圆场，"那就罚陈大夫酒。"

陈无宇饮过，景公接着道："可是这次，晏大夫，寡人为你建好住宅，你却拆了恢复旧状，这不是浪费吗？不是在彰显寡人的过失吗？"

"咿——咿——"两只燕子联翩飞过堂前。"君上，我听说人不再在树上搭建露天的巢，是为了躲避风雨；不再在地下挖掘阴暗的穴，是为了免除潮湿。居住如果达到这两个目的就可以了。现在比以前条件好了，但何必在墙壁上描绘花纹，柱梁上雕镂图案。有人因为台榭繁富而死，有人因为车子华美而亡。俭朴从来都是君子的一种美好品德，婴愿以君子为榜样。"

"寡人本想让你将住宅迁入宫里，不成；又想在豫章之圃为你建造，再次被你拒绝。"

"下面的人不敢对上面的人说话，叫作瘖（yīn）；上面的人听不到下面的人的话，叫作聋。晏婴居住这里，可以听到人民声音，再传到君上耳朵里，这是有利的事。君子居住必选择邻居，交往必选择对象，出仕必选择君上。所处不合适，势必影响自己的品行、前程与命运，不可不慎！"

两只燕子，一前一后飞上了天。

智对楚人

一片大泽上，白水浩渺，西北边上有一个黑点。黑点渐渐变大，成了一座四方的城。越来越大，可以辨出城垛、城墙、城门与护城池。无疑，它就是楚国郢（yǐng）都了。城上厚重的云退去，与城分离。

离开临淄时候，出了稷门朝右一瞥，申池边的竹子，正簌簌落叶。进入楚地，丛丛青碧的竹子，各式的树，各色大而浓烈的花，让人觉得突然一下子返回夏天。

天空低垂，万物繁盛。越走越近，越走越热。来自云梦泽的风，带着水汽与花木之气，一下一下地，缠住了人。

多年前，陈无宇曾经出使楚国。楚国大夫蘧（wěi）启彊也曾使齐，现在他已位居太宰。楚灵王即位，引起诸侯担忧。楚灵王行为乖张，喜怒无常。即位两年，举行大盟，晋人没去，鲁人没去，卫人没去，齐人也没去，楚王不高兴。会盟结束后，他让前去的各国卿大夫随他一起伐吴，攻下吴国北部重邑朱方，将聚族而居的庆封一氏全部杀了。

"君上，现在前去聘问，一则，示好于楚，消除楚王对齐不盟而生的敌对情绪；二则，也对楚王铲除庆氏表达谢意。"晏婴建议说。

高大城墙横亘面前，挡住视线。齐使要来的消息，早已传遍楚国。加手于额，城上的人远远地朝这边望着，宛若焦急等待。真是一座壮观的城，晏婴心底赞叹。相比临淄，郢更高大些。

到了东门跟前，车停下来。

"是晏大夫吧。"迎接客人的傧者过来。

"呃唔——呃唔——"有人痴痴地发出奇怪的声音。晏婴的驭者将马拢住，只见紧紧闭起的东门两边，站立两个持戟门卫。一个嘴巴抿起，像刚说完话的样子，脸上露出抑制不住的讥笑；另一个用手捂住嘴巴，显然被同伴逗笑了，声音是他发出来的。

就在晏婴纳闷的当儿，"请——"傧者将手一挥，示意客人跟随他来。

顺着傧者手指方向，晏婴看到城门南侧有个小洞。没走多远到了跟前。门洞显然是新挖出的，土是湿的，带着土花，发出一股湿热的土腥味儿。

洞顶几乎与晏婴平齐，透过洞口，晏婴看到里面急急地闪过一个影子，恍若一个动物似的。

"这是要做什么呢？"晏婴有些迷惑。

"晏大夫，请从此门而进！"傧者似笑没笑。

顿时，晏婴明白了。他转过身，面对等待一旁的傧者言道："这是狗门，不是人的门。出使狗国，要入狗门；出使人国，则进城门。"说罢，几声狗吠通过洞口传出来。晏婴故作诧异地望着楚国傧者："诸位，来自齐国的晏婴，出使楚国，怎么能入狗门呢？"他扭头对着身后随从，疑惑地问道："这到底是人国还是狗国？莫非我们千里迢

晏婴故作诧异地望着楚国傧者："诸位，来自齐国的晏婴，出使楚国，怎么能入狗门呢？"

迢，到了狗国？"又是几声狗吠，从洞口低低地传出来。

傧者无言以对，脸腾地红了。

"打开城门！"

紧紧盯住这边的两个门卫，也觉得有些羞愧了，他们望着身材矮小的客人，步履坚定地转过身，上了车，那高大的驭者，昂首挺胸，将缰绳一拉，马儿嗒嗒地迈开步子，傧者跟在后面，自嘲似的回头扫了一眼空空的洞，露出讪讪的笑。

进城不远，迎面伫立一队人马。马高大，车高大，车上车下的甲士高大。他们手握长戈长戟，齐声高呼："奉我王之命，迎齐国使臣！奉我王之命，迎齐国使臣！"声音洪亮，直裂层云。晏婴明白，这是楚国再次施用手段，嘲笑自己身材矮小。车到跟前，甲士当中被围着的不是别人，正是蓮启彊。"蓮大夫，别来无恙！晏婴此次前来，是为修齐楚两国之好。只是这些狂啸于市的甲士，不知是在欢迎，还是要向齐国宣战？"

"这——"蓮启彊被问住了，他左右挥了挥手，示意他们退下。

在太宰一行陪同下，晏婴前去拜见楚王。不似临淄干爽，郢城湿热极了，花木的奇异香气与水汽一阵阵地飘来，很是冲鼻。

晏婴不知，刚才两幕及其后几幕，均是薳启彊的主意。薳启彊面部很不光洁，尽是粉红疙瘩，精明与顽劣奇妙地结合一起。他昂起头，显出庄重、严肃的神气。

壮丽宫殿上站着的，正是楚灵王。他双目细长，一把长须垂于胸前。皮冠中间向上向前尖突，仿佛一只角。这大概就是所谓的獬豸（xiè zhì）之冠了。冠的两侧，各插一枝鹬翎（yù líng）。翎不长，颜色由黑渐褐渐灰，一直过渡到边缘。身上一件披风，由翠鸟羽毛缀成，以蓝色为主，又有绿、黑、褐几种颜色，闪闪烁烁，目光难以驻留其上。无疑，这是秦国馈赠的名为复陶的翠被了。猛然瞅去，楚王就像一只斑斓大鸟，只是缺少两扇大翅而已，而那长须，则如一管粗大的喙（huì）。

楚王目光向下，扫见齐国大夫晏婴。谁不知道他聪敏智慧、能言善辩、敢于劝谏与节俭省用呢，楚王心想，当然也少不了个子矮小吧。站在薳启彊旁边，晏婴低了何止一头！初瞧，身量犹如一个七岁童子。看脸，则是一张国之重臣的脸，黑青着，让人不敢小觑（qù）。唇上右角，那颗痦（wù）子趴在那里，仿佛一枚钉子钉着。

分立两边的楚国臣子们，个个细腰身，活似一只只大马蜂。

"晏大夫，齐国难道没有人了吗？"楚王皱起眉问道。

"这话怎么讲？"晏婴正色道："齐都临淄，有上百条街巷，三万户人家。人们若是展开衣袖，就会遮挡日光，撒下一地阴凉；若是挥洒汗水，就像下雨一样，无休无止。行走街上，并排的人肩挨着肩，后面人的脚尖碰着前面人的脚后跟。若说齐国没人，不知从何说起？"

"哦，"楚王拉长声调，"既然如此，为什么单单派你做使臣呢？"

"齐国任命使臣，有个不成文规矩。"晏婴直视楚王，"贤能而有德行的人，派到贤能而有德行的国君那里去；没有出息、不成器的人，派到没有出息、不成器的国君那里去。"说着，声音大了起来："晏婴最没有出息，也不成器，因而至此！"

两边的臣子们，扭转细长的腰。楚王皮冠两侧的鹬翎晃了晃，复陶炫耀得有些刺目。

"晏大夫，楚国为齐国除掉了恶人庆封。要不是楚国——"楚王摇了摇头："这样的恶人，怎么多活了那么长时间？真是多活一天也是作孽（niè）啊！"话刚落地，楚王就觉得有些失口了。

原来，攻下朱方后，楚王下令尽诛庆氏一族，庆封则单独被拉到街上游街示众。大夫椒举劝他不要这样，认为庆封不会服服帖帖接受惩罚的。楚王不听。庆封被五花大绑后，背上插着大斧。楚王令他一边走一边让人高喊："各国的大夫与吴国的百姓听着，大家不要像庆封，杀死自己的君上，欺负幼主，强迫齐国大夫们盟誓支持他。否则，这就是下场。"

不料游行途中，庆封却高声喊道："各国的大夫与吴国的百姓听着，大家不要像楚共王次子围那样，杀死自己的君上——哥哥的儿子、自己的侄儿，篡夺他的位子，还要让诸侯会盟承认他。"
楚王面红耳赤，传令立即砍了。

"晏大夫，听说齐君喜好营造楼台亭榭，不知建有多少？规模多大？寡人也想修一座九层之台，高与天齐，与齐国比试比试如何？"楚王转移话题，他那细细眼里，射出锋利的光。

"晏婴听说，百姓梦寐以求的事，无非两件：一是减少赋税，二是减少徭役。徭役不但耗费国家财力、物力，还要占用百姓时间、体力。工程时日漫长，百姓怨声载道。豪华富丽的宫台很少使用，大都闲置着，而百姓日日居住的房屋，却是低暗潮湿，不避风雨，家徒四壁，空空如也。君上只为一己之利，难道能心安理得吗？百姓乃是国家这座大台的基础！基础不牢，如何能行？"

"寡人听说，"楚王又在转移话题，"齐君有双精美鞋子，乃是鲁国一个工匠制成，装饰的又是金，又是银，又是珍珠，又是玉石，整整一尺来长。可有这样一双举世无双的鞋子？"

"是有过这么一双鞋子。晏婴劝谏说，鲁国

工匠制作的鞋子既沉重又不暖和，穿着不舒适，行走也不方便，失去鞋子的功能了；不按照常规，不符合常情，君上若是穿上这样的鞋子，恐被天下人嘲笑；浪费不少财物，百姓产生怨恨。我已让人将那个鲁国工匠驱逐到边境去了，我们君上也不再穿那双鞋子了。"

侍者端上了橘子。红黄的果实，让人眼睛明亮。晏婴拿起一个，咬了一口。

"晏大夫，你没吃过橘子吗？"楚王不禁失声笑了，"橘子应当剥了皮吃，不能连皮一起吃下去。"

"哦，哦，"晏婴灵机一动："晏婴听说，面对君上赏赐之物，瓜桃不削皮，橘柚不剥开，这是表示对君上赏赐之意的敬重。现在君上没有命令，所以晏婴不敢剥皮。如果不这样做，就是我的失礼了。我并非不知道吃橘子应当剥皮。"

"晏大夫，请举爵。"楚王邀请。

这会儿，两名差役押着一个被捆缚的人，经过殿前。

楚王放下手中的爵，斜视下去："这个人怎

么了？"

"回君上，他是个齐国人，犯了盗窃罪！"一个差役脸朝殿上高声回答，另一个偷偷将目光瞄向晏婴。

"呃，齐国人？"楚王右手捏住了面前的爵，对着晏婴："齐国人惯于盗窃吗？"

晏婴站了起来，离开席子走到前面："晏婴听说，橘树生长在淮河以南，结的是橘子；若是生长在淮河以北，就结成了枳子。叶子虽然相似，果实却不一样，一个大而饱满，颜色红黄；一个小如雀卵，黄中呈绿。至于味道，一个酸甜，一个酸苦。为什么会这样呢？"晏婴将目光投向楚王，又朝向殿前的臣子们。"因为水土不同。百姓生长在齐国不盗窃，一到了楚国就盗窃。这是楚国风气，使得百姓善于盗窃了啊！"

两个差役连同所押的人，呆呆地望着晏婴，似乎还想听下去，不知道该走还是该留下来。

"下去吧，下去吧。"楚王挥了挥手。

楚王难为情地笑了，"咳，咳，"他清了清嗓子："圣人是不能随便与他开玩笑的，我反倒自讨没趣了。"

蓮启彊脸上的疙瘩，一阵红一阵白，脖子突然刺挠（cí·nao）起来，仿佛被马蜂蜇（zhē）了。津津地，出了一身汗，不知是热汗还是冷汗。他用袖子拂了拂额头，放下，又举起，停在了半空。

"嘿嘿，嘿嘿，"仿佛回应楚王似的，他也突然笑出声来。

虎门拥君

拥着高氏旗帜，车上、车旁、车后的甲兵，潮水一般急急而过。

晏婴站在车里，心下焦灼万分。车疾驶着，晏婴隐约听见他们的交谈："大人本是前去栾氏家里饮酒，怎会遭到如此不测？""他去的时候，已经有点儿醉了，我看得清清楚楚。""去了不免又要喝，他上得了车吗？""大人酒量大，谁不知道？也许陈、鲍就是要趁我们高、栾两家饮酒，才突然兴兵的。"

刚才一个宫人汗流满面地跑来汇报，栾、高与陈、鲍互拼，到了公宫虎门外，君上要晏婴急速前去商议。

"这是怎么了？"街上混乱一片，有人关门，有人站在街边，眼神惊愕，想知道发生了什么事情。看到高氏人马过来，迅速闪开，过后立刻围拢一起，像把大剪子倏地合起。马蹄声、车轮声、脚步声、戈戟声、嘈杂声与扬起的灰尘混杂，使整个临淄陷入不安。"陈、鲍人马追逐栾氏人马，奇怪的是，栾氏人马当头的却是高彊！"

看到了虎门，青铜的铺首与一排排乳钉，仿佛在守卫着、等待着。

陈、鲍人马在门之左，他们气定神闲，显然有备而来。随后赶到的高氏人马，站到栾氏人马之后，在门之右。栾、高人马显得有些慌张，但也不惧。有些高氏甲兵，在向栾氏甲兵探问什么。

晏婴下车，走向虎门，四家人马都将目光望向他。他们看到端庄的朝服，穿在晏婴身上显得宽大很多。晏婴两只胳膊向前抬起，以免长长的袖子坠地。站在公宫墙上的甲兵，早将晏婴收入视线，直到他消失在虎门下目光不及处。

虎门紧闭，晏婴转过身来，好似进入无人之

境。虎门两边，双方虎视眈眈、剑拔弩张。

忽然鲍氏阵营中，走出一个人。

"晏大人，当年晋国上卿韩起来我齐国聘问，曾见过栾施、高彊，他一眼就看出两人不是保家的主，因为他们不懂为臣之道。晏大人认为韩起有知人之明，不会信口开河。后来我们果然看到栾施、高彊独断专权、饮酒作乐，众大夫与百姓不满情绪越积越重。今天是该除掉他们的时候了。"

晏婴未应答，来人悻悻地抽身走了。随后，又从虎门之右栾、高阵营中走出一个人。

"晏大人辛苦了！那年晏大人从晋国出访回来，刚进城门不远，听到有人报告栾大人父亲子雅去世消息，十分惋惜。当时晏大人说，姜氏衰弱下去，陈氏昌盛起来，子雅大夫一去，齐国政权更加岌岌可危。齐国是姜氏的齐国，不是陈氏的齐国，可是陈氏觊觎（jì yú）在侧，已非一日。晏大人识见过人，目光长远，齐国今日何去何从，晏大人应该比谁都清楚。"

晏婴仍不语，来人又走了。这时，从陈氏旗

帜下走出一个人，显得坚毅自信。

"从先大人陈须无到如今陈无宇大人，陈氏与晏大人一向交好，友情在齐国内外无人不晓。陈氏为晏大人效劳，有事但要开口，不辞辛苦，从无推卸。陈氏深得齐国百姓之心，请晏大人考虑！"

日光映出晏婴额上细密皱纹，他没吭一声，只是盯着一个一个走向他的人。

再无人过来，站在晏婴身后的随从，对主人开口了：

"帮助陈、鲍一方吗？"

"他们有哪些地方值得我们帮助呢？"

"帮助栾、高一方吗？"

"他们有哪一点比陈、鲍两家好？"

"那——"随从有些迷惑了，"既然都不帮助，那我们回去吧。"

"回去？君上遭到围攻，我们往哪儿回？晏婴唯君命是听！"

日光毫不犹豫地高高照着，在场的人，哪一个胸中不是嗵嗵直跳，不知道下一刻将会发生什么。

晏婴仿佛风暴中心。他站在那里，朝服在日

光下分外显眼。宽大的朝服，包裹着怎样的一个人！那么矮小，却能在众目睽睽之下坚定地站着。他是虎门外的一个核。一个即将投向哪方的核呢？两个对立阵营均已无望。"他不来我们这边，也不到他们那边，既然如此，那就让他进宫去吧！"日光晒着的人马都这样想，他到了君上那里，会做怎样的选择？

"訇（hōng）"的一声，门打开了。

"訇"的一声，门又关上了。

在宫人的引领下，晏婴穿过空气凝滞的前庭。景公正在堂上踱来踱去，听到门响，看到晏婴，欲下台阶，但又收回脚步。不能站在台阶上，也不能站在庭中，还是到堂上吧。

景公眼里放出焦灼难耐的光。

"晏大夫，四族相拼，对峙到了虎门，如何是好？"

晏婴踏上大堂，站定了。

"君上，两方围攻虎门，势均力敌，相持不下，我们只有做出决断，支持一方，打败另一方，才能解公宫之围。"

景公从台阶上回到堂上，踱来踱去，焦急地等着晏婴的到来。

"那……我们该倾向哪一方？"

"君上，"晏婴蹙（cù）起眉，直面景公："栾、高二氏专擅朝政，横行妄为，驱逐高止，谋杀闾丘婴，逼走众公子，已经使得路人侧目，早欲除之而后快！"

高止是另一高氏大族的主人，先人高傒（xī）是桓公重臣，祖父高固是惠公、顷公上卿，父亲高厚是灵公上卿。高厚曾被灵公任命为太子太傅，辅佐公子牙，后来崔杼又迎立被废太子公子光为君，将高厚捉住杀了。

平定崔、庆之乱后，高止又被立为大夫。晋国大夫女叔齐对人说，高止独断骄傲，是败家之主，高氏要在他身上灭亡了。果不其然，高止被栾子雅、高子尾找个借口，驱逐到燕国去了。高止儿子高竖在高氏封地卢邑扯旗反叛，齐景公派闾丘婴平叛。双方达成协议，闾丘婴另立高偃为高氏承嗣人，高竖交出卢邑后投奔晋国。子雅、子尾大怒，本欲铲除高竖一族，不想赶走一个，又起一个，白费劲了，于是他们故意派闾丘婴攻打鲁国，当鲁国责问时，推诿于闾丘婴，借机将其杀害。间丘婴之死震动朝野，不但他的族人出走，就连景公近臣与一些公子如子山、子商、子周，也纷纷离开齐国。

"今天本是他们四氏冲突，栾、高二氏却欲挟持君上，以弹压陈、鲍，罪不可赦。"晏婴分析，"但陈、鲍二氏擅兴甲兵，用来攻打栾、高，罪亦不能免。"一道日光，忽然照在景公衣裳上。晏婴收口道："至于助哪一方，愿听君上裁定！"

景公心头涌起一件时常压抑他的事来。

那次去莒（jǔ）地打猎，碰到流放那里的卢蒲嫳（piè）。当年为给庄公报仇，卢蒲嫳潜伏下来，进入庆封家中，取得信任后，又引见流亡在外的哥哥卢蒲癸，卢蒲癸又引见王何。卢蒲癸与王何作为内应，将庆舍杀死。事后卢蒲却遭流放。卢蒲嫳流着泪请求景公放他回去，与家人团聚。景公答应与子雅、子尾商量一下。子尾同意，子雅却一口拒绝，又对子尾说："他的头发短了，但野心还不小，还想有一天重新骑在咱们头上呢！"卢蒲嫳最后不但没回成，反被流放到更远的燕国去了。

想到这里，景公胸口一阵气闷，子雅、子尾虽不在了，但他们的儿子栾施、高彊气焰更甚。

"栾、高之罪，重过陈、鲍。"略一思索，景公便做出选择。"只是，"他凝视晏婴，"谁能领兵出战？"

"王黑大夫。"

景公将目光看向王黑。王黑的背有点儿弓，这使他看起来像只猛禽，随时准备出击似的。他脸庞白皙，没一点儿血色，好比一块湿润的玉，经精心雕琢而成。鼻梁细，中间隆起。目光深邃，仿佛一直专注于某件事。嘴唇紧闭着，欲言又止的样子。听到自己名字，王黑看看晏婴，随之望向景公：

"王黑愿听调遣！"

景公犹不放心，又叫来太卜。

青色的烟袅袅升入天际，将座孤岛般的公宫清晰标注出来。景公虔诚地站在那里，神色庄重，心里默默祈祷。身后臣子们也都一言不发，心里盼望着好的结果。

宫内静悄悄的，也听不到虎门外面的动静。

"大吉！大吉！"太卜举起龟甲，兴奋地叫了出来。

"君上，为师出有名，王黑大夫出兵，宜将灵姑銔（pī）打出来。"晏婴建议。

灵姑銔是当年葵丘之会时周襄王赏赐桓公的九旒（liú）龙旗，九条飘带，画有交龙，黑色，长五尺。

"这个……"景公迟疑。

"灵姑銔是先君之物，如今大夫要用，实奉君上之命，不需斩断二仞，只要砍去三尺，以示恭敬即可。"

公宫甲兵准备就绪，他们在王黑率领下，打开虎门冲了出去，灵姑銔在风中呼呼招展。听见宫门一响，分列两边的阵营，立刻骚动起来。他们想知道，这些奉了君上旨意的甲兵，是帮助哪一方攻打哪一方？他们甚至各自往后退了退，仿佛要为出自公宫的兵让出更宽一点儿的地方来，好让他们站在自己这一边。

尺幅宽大的灵姑銔黑旗，九条飘带缓缓垂下，将王黑白皙的脸庞映得更加白皙。他目光炯炯，扫视着左右两方。

"四氏相争，本属私门之事。不料栾、高两氏纠集甲兵，冲及公宫，将祸乱引至君上之地。王黑不才，奉君上旨意，平定栾、高之徒。陈、鲍两氏，请以全部甲兵跟从。"他的声音大起来，"有灵姑銔，惟旗是瞻！"

王黑之车随即朝向栾、高一方。栾施、高彊一愣，酒醒了大半。陈、鲍甲兵欢呼，迅速汇到王黑甲兵之后。灵姑銔将等待半天的战事点燃。兴奋和沮丧被呐喊声、车马声、戈戟相击声替代。打出的灵姑銔，与公宫甲兵的加入，大大激发了陈、鲍一方的士气，他们呼啸而上。栾、高一方匆忙迎战。虎门之前，相持半日的两队甲兵混战一起。攻打庆氏之十三年后，在临淄的心脏位置，又展开了激战。十三年前是在太庙，这次则是在公宫南门。

栾、高之徒本是仓皇聚集，不像陈、鲍早有准备。不大工夫败退下来，沿着岳街朝临淄南门溃逃。途中，那些与栾、高有隙的公子、公孙及其党徒，迅速加入陈、鲍一方。栾、高队伍到了稷门，转回身来混战几个回合，又朝西而去。到了申门，高彊的酒劲儿催发了他的战斗力。尽管这样，还是不敌。于是掉头朝东北，从公宫西侧绕到庄街。沿途也有百姓操起兵戈，零星聚到灵姑銔下。他们受过栾、高压榨，最主要的是，他们受过陈氏的恩惠，还有一点，他们是在保卫君上。

栾、高人马溃不成形了，犹如过街老鼠，胡奔乱撞，又斜斜地到了东南的鹿门。追兵紧逼，眼看无望，他们出城向着鲁国疾风一般地狂奔而去。

这次激战比庆氏那次还利索，想不到栾氏、高氏就这样被铲除了。齐国，从此进入一段长时间的平和时期。

追兵紧逼，眼看无望，栾、高人马出城向着鲁国疾风一般地狂奔而去。

和而不同

    草木干枯，或密或稀，连绵而去。望不见沛泽，只望见淄水像一道线，伸向东北天际。临淄东面的城墙、城垛、城门，在晴好日光下依稀可辨。如果从垛口远眺遄（chuán）台（今山东淄博市内）这里，苍翠满目。晏婴站在松柏下，阵阵清香冲入鼻孔。

    听见马的嘶鸣，晏婴踱到遄台北面，目睹马蹄扬起团团尘土，景公他们从沛泽打猎回来了。

    八匹白马拉着一辆车，车上站着景公。驾车的韩子休，目光注视前方。八匹几乎一般高大、肥瘦、矫健的白马，像从一个模子里铸出的，昂首挺胸，步调一致。舆是八角形的，上有栏杆，后面开口。舆板与栏杆髹（xiū）以朱红之漆，舆板上绘云彩、波浪与鱼纹。景公一袭狐白之裘，襟领镶以黑豹皮，冠是白的。右手握一张红彤彤的弓，远远地瞧，日光下弓弦若有若无。

晏婴下来，迎接景公往台上走。

韩子休拢着马。马儿们意犹未尽，你朝我瞪眼，我朝你呼气，似乎还没野够，蹄子还是痒痒的。

"今天有一件事，要告诉夫子。"景公非常满意。

"哦，什么事？"晏婴也不急。

"今天打猎之际，碰到了虞人。"虞人是掌管山泽及打猎之官。"他看到了，竟然不过来问候！"那个虞人站在那里，仿佛天地间一个剪影。日光照射而过，景公看到他两只耳廓透明且红，胡子黑中带白，像是沾着早晨的霜花，双手垂在那里，像是刚从繁忙中抽身出来，歇一会儿。"寡人举起弓，召唤他。可是，那虞人却不理会，只是望着这边。"虞人双脚似乎长在了地里，一动不动，他的眼里有种期许，有种迷惑，有种不解。景公非常生气，将弓一挥，命令随从，将那虞人捉了。

"哦——"晏婴低头倾听。

"你道那虞人怎么回答我的？他到了跟前，一点儿也不惊慌，仿佛就在等待被捉似的。他说："以前我们先君打猎时候，用红旗召唤大夫，用弓召唤士，用皮冠召唤虞人。'"

"是这样的。"晏婴缓缓点头。他下意识地朝景公头上看去，那小而巧的皮冠，用白鹿皮拼成，接缝处缀以青碧、乌红、石黄、深蓝、绛紫各色小玉珠子，日光一晃，熠熠生辉。

"他说：'小臣没有见到皮冠，所以不敢过来。'"说完，虞人向景公头上看去，看那顶分外突出的冠。景公一边对晏婴说，一边也朝晏婴头上看去，看他的冠。"呵，"景公举起精美的宽大袖子，用右手朝自己冠上摸去。这个动作，引得晏婴与其他的人，也朝景公头上望去。

"这个虞人不谄不媚，知进知不进，可谓恪守职责不坠。"晏婴赞叹。

"是啊，是啊，我让人将他放了。"景公还沉浸在不久前的那一幕里。

一步一个脚印，上了高大的台。置身自然形成、外加人工之力的台上，景公感到惬意极了。这些苍翠松柏不见生长，却更粗壮了。他用右手拍击一株柏木，掌心带上了一缕细细清香味儿。

"看谁来了？"有人发问。

众人循着声音，找见开口的人，又顺他的目光，朝向正东方向。只见从东闾之门一条直通遄台的道上，急切地驶来一辆车。六匹马向前撒着蹄子，听见清脆的铃声，看不清主人面目。

"一定是梁丘据！"晏婴回答。

"夫子怎么知道是他？"景公问道。

"以大夫身份驾驶六匹马，除了他，还会有谁？再说，这么急切地要见君上，如果没有大事，只会是他。"

"哦——"景公惊讶之余，忽然说道："只有梁丘据与寡人可以说是和协啊！"

众人沉默无语。晏婴低沉的声音传了过来："梁丘据不过是相同而已，哪里称得上是和协！"

"和协与相同不一样吗？"

"不一样！"晏婴肯定道。"和协就好比做汤羹，鼎中注水，水里放进醋、酱、盐、梅，用来烹调肉或鱼，鼎下用柴火烧火，厨师加以调试，味道淡了就加入调料，味道浓了就注水冲淡。君臣之间也是这样：君上认为行的，其中定有不行的，臣下指出不行的，而使行的更加完善；君上认为不行的，其中定有行的，臣下指出行的，以去掉不行的。礼仪没有违背，百姓不会不满，政治就会和协，天下自然清明。否则，礼仪时常被打破，百姓生出不满，政治就会昏乱，国内就会怨声载道。声音也如味道一样，由一气、二体、三类、四物、五声、六律、七音、八风、九歌组成，由清浊、大小、长短、缓急、哀乐、刚柔、快慢、高低、出入、密疏调剂。"大家静静倾听，晏婴接着说道："梁丘据不是这样，君上认为行的，他也认为行；君上认为不行的，他也认为不行。你说甜，他不会说酸；你说咸，他不会说淡。用清水烹调清水，怎能做出至味汤羹？用琴瑟弹拨一个调子，怎能奏出美妙音乐？不能相同的道理，就是这样。"

台上静悄悄的。晏婴总结道："和协与相同，区别就在这里。"

众人环视，只见褐黄的草木、苍翠的松柏、高低肥瘦的人、样式不同的衣冠与景公多种颜色的车；又将目光投向天上，一团一团的云，虽然形状、大小各异，却是一般的白，白得让人目光疲倦。

"和而不同，并非婴所发明。"沉静了下，晏婴接上话头，"早在两百多年前，周王室太史伯阳父，就提出过'和实生物，同则不继'。"

周幽王时，在朝廷担任司徒的郑桓公，眼见天下灾祸横起，找到史伯门上，向他请教如何避免。史伯分析了天下大势。

"难道周王朝真要衰败了？"郑桓公问道。

"一定要衰败了。"史伯指出，周王远离明智高洁的贤臣，喜欢愚昧谄谀的佞臣；抛弃端庄淑惠的申后，宠爱邪僻莫测的褒姒。史伯脸上满是凝重："不去寻得和协，只管求取相同。用彼物调和此物，谓之'和协'；在此物之上再加同样事物，谓之'相同'。和协产生万物，相同难以持久。"

透过云团，一轮白日射下光芒，映在松柏针形叶上，像是叶子本身生出一层极细极微的毫毛。

"虢（guó）石父，就是一个逢迎幽王、诋毁贤良的佞臣，幽王立为卿士。幽王所做的，就是赞同投其所好的'相同'，去除不同的'和协'。覆亡不可避免，仅仅两三年后，幽王便被西戎杀于骊山下，可惜郑桓公也没能幸免。"晏婴说完，叹了一口气。有人向他看去，只见黑青脸上，镀上一层薄薄的光，那么虚幻，可那仿佛穿透一切的目光，却又如此真实。

景公吸了一口气，似乎要将醒脑的松柏清香珍藏心底。

"和协，相同，在我们先君桓公身上，也有深刻的经验与教训。"晏婴将众人思绪从遥远的王朝拉回齐地。"管仲、隰（xí）朋、鲍叔牙、宾胥无、宁戚、王子成父，这些臣子们各有所长，有的在信义，有的在辞令，有的在进谏，有的在执法，有的在农业，有的在战事。桓公以他们之长补自己之短，以他们之厚补自己之薄，是谓'和协'之道。诸侯都来归依，天子送上祝贺，终于成就一代霸业。"一只苍鹰高高地飞过松柏，向着天际远远地去了。"哪知桓公晚年，不听管仲遗言，任用竖刁、易牙、公子开方，陷入'相同'之径，以致饿死，长时间不得下葬，众公子纷纷争位不止，齐国陷入混乱。一世英名，毁于晚节。"一阵小风吹过，众人感到丝丝寒气侵身。

"佞臣难道是不可避免的？"景公问道，"幽王之世有虢石父，在先君桓公之时，则有竖刁。"

"作为君上，应提防两种人：一种花言巧语，阿谀奉承，逢迎拍马；一种当面一套，背后一套，说人坏话。第一种人，会私下打探君上的嗜好与欲望，君上喜欢什么，他们就喜欢什么；君上厌恶什么，他们也厌恶什么。时时处处小心翼翼，以顺从君上的嗜好与欲望为己任。君上好比树叶，他们像是尺蠖，树叶是青的，尺蠖就变成青的了，树叶是黄的，尺蠖就变成黄的了，尺蠖随树叶而变色。第一种人，周旋君上身边，只求与其'同'，而不是'和'。取得信任后，他们上下其手，小者谋一己之利，大者祸国殃民。作为君上，要远离他们，杜绝他们。"

"铲除他们就是了！"

"不是那么容易！他们就像社庙里的老鼠，用水灌吧，怕泡坍（tān）了墙，用烟火熏吧，怕烧了柱子。"

梁丘据笑嘻嘻上了遄台，用目光向众人示意。左手提着一个笼子，用金丝编织，中间小梁上横着一只鹦鹉。"你好，你好"地打完招呼，自顾自地埋头啄谷粒。有人看到梁丘据衣上，沾了蒺藜（jí·li）。梁丘据用袖子拂了拂，恼人的蒺藜却甩不了。

"君上！"梁丘据脸上堆满了笑。

大概听了晏婴一席话，景公对这个平日最为宠爱的臣子，生出了几许厌恶，并没有理睬。

"佞臣之'同'如是，那么忠臣之'和'如何？"景公突然问了晏婴一句。

"他们不掩饰君上过失，发现了就当面指出。不在外面喧嚷，将君上过失传扬。不将迎合君上私意，当作自己行为准则。对于上级，他们也是如此。他们还有一点——"

"一点什么？"

梁丘据左手提着一个笼子，用金丝编织，中间小梁上横着一只鹦鹉。

"君上有难不去殉死，逃亡不去送行。"

景公一愣，随即沉下了脸："寡人割裂土地给他们，分封爵位给他们，寡人不测，他们竟要这！这，难道也是'和协'？"

"进谏良言被听从，出谋划策被采纳，君上怎么能有灾难，怎么会去逃亡？既然没有灾难、不去逃亡，臣子哪里用得着为他殉死、为他送行？如果良言不被听从、谋划不被采纳，君上有难了、逃亡了，臣子去殉死，是荒唐的殉死；臣子去送行，是虚假的送行。当年崔杼动乱，婴没有为庄公殉死，原因正在于此。"

晏婴腰际，两条短而整齐的黑边素丝带子静静垂下。

"人少有先见之明，识人也得一个过程。忠臣佞臣，需要一段时间辨别。短则几个月，长则十几数十年，甚至一生。家宰高纠，与婴待在一起的时间也算不短了，但他从没有指出过我的过错，从没有对我的缺点有所校正。这，也是'同'啊。臣要辞退高纠。"晏婴似有惭色，"一国如此，一家如此，和而不同，方得长远。"

牛山论死

景公坐在地上，两手拍缶。梁丘据双手捧竽，站立一旁。景公卸了冠，披散了发，褐（xī）衣也脱了，狐裘敞开。

他昂着头，不去注视拍打的缶。梁丘据歪着头，鼓起腮帮子，圆瞪着眼，使劲吹着挨在唇上的竽。竽有三十六根管，竹子做成，涂上绛红之漆。当他摇头晃脑时，那垂在颔下的两条红色的缨子，抖动不止。

缶发出浑朴、顿挫之声，仿佛侧耳井口听到的。竽则吹出时而高昂、时而低沉、时而激烈、时而悠扬之音。像一根弦，眼看快要砰然断裂，却倏地升了起来，直而尖的调子直冲上去。梁丘据陶醉的目光在众人身上停留片刻，又转移到景公身上，如此反复。景公眯起眼睛，沉浸其中。

刚饮过酒，众人微醺。日光偏西，眼前一切从里到外都笼罩着一层清澈的光辉。

音乐停下，景公饮了一觯（zhì）。众人也上前举觯，梁丘据第一个趋至跟前，眼望景公，端起一觯。

"仁人也是这么取乐的吗？"景公像是自言自语。

"仁人的眼睛、耳朵，与常人并无两样，怎么不知道取乐呢？"梁丘据回答。

"君上，微臣从草丝中捡到了这个。"

说话的是艾孔。他的眼睛像是眯着，其实原本就是那样。这使他看起来，像要与人拉开一段距离。他总是用那细细的眼神，打量着周围一切。他总是和梁丘据站在一起。

梁丘据将觯放回原处。"呵，是枝骨笛！"他的眼里闪出光芒。骨笛细长，七个按孔，一端边缘破损，现出尖锐的角。"可以吹，可以吹！"梁丘据兴奋起来，从艾孔手中取过，用手捋（lǚ）了拤，又用袖子揩了揩，举到景公面前。

"君上，微臣请求吹上一曲。"

梁丘据站回原地，将头低下，唇触到骨笛上。"吁——吁——"试了试音，然后专心吹了起来。

旋律真好！让人想起春天的淄水，在岩石间一股一股地流；又像高地上的花朵，在风里一片一片地开。想不到从这具高大粗壮的躯体里，吹出了这样的精妙之音，他该有颗怎样细腻的心！

牛山高过遄台，山上风大。

起风了，远近的丛莽一起一伏。众人走到空地正北，将目光远眺。景公站立中间，他的头发在风中飘拂，已经有些星星点点的白了，脸色酡红，旁边的晏婴能闻到他身上散发出的阵阵酒气。晏婴没有多喝，只是几觯，他不善酒，多一点儿头就疼。

目光朝向东北，可以落在郁郁葱葱的遄台上。在台上时觉得甚是高大，此刻望去，却是那么一点。目光东移，便是临淄。虽然城垛、宫室与街道极小，但从密集程度看，可以感受到城的壮丽。城北的庄街，城南的岳街，像是一条细绳，中间打着的节，无疑就是公宫了。其他街巷细微，可辨又不可辨。由东至西，依次是鹿门、稷门与申门。稷门大点，申门之外的申池，像一面镜子泛着白光，又像一轮白日遗落在那里。池水流向西北，注入时水，若隐若现。池边竹子掉了绿色，显出萧疏，它们在风中簌簌作响，但在牛山上听不到，也看不见。西边雍门外楸树、香椿树，几乎与申池外竹子连住，挺拔而立，仿佛支支细长的矛。

"我想到转附、朝儛（wǔ）两座山上去游览，再沿大海向南，直到琅邪山！"看了好半天，景公才将目光收回，对旁边的晏婴说。

转附山在半岛东北，朝儛山在半岛正东末端，琅邪山在半岛东南。走水路，顺着淄水而下，就会到达海上，从海上由西而东，折而南下，再转向西，登陆，能将三座山游览。如走陆路——景公定要走水路的。

"唉！山河如此美好，荣华富贵尽情享受，可是寡人却不能永远拥有，社稷也不能永远传给子子孙孙！"景公忽然感喟，"人为什么要死呢？人

为什么要死呢？人若是不死，该有多好啊！"仿佛为了响应那声长叹，一股大风吹过，景公的头发向东飘去，眼里泛出莹莹泪光。

只听风声远远地去了，像是火燎过丛莽一般。

"我们这些卑微之人，尚且不愿死去，何况君上呢！"梁丘据感慨道。

"吃着粗食劣肉、乘着驽马破车的人，也不愿一去不复返啊！"艾孔回应说。梁丘据与艾孔举起袖子，开始抹眼角了。

众人一时蒙了，不知如何才好，是去安慰他们，还是就让他们的泪放任地流？

"呵呵，呵呵，"晏婴在一旁笑了。

景公揩干泪花，梁丘据与艾孔也将泣声停下。一阵沉默过后，景公诘问晏婴：

"夫子，今天登临牛山，北望临淄，想到堂皇的宫室、巍峨的楼台，百年之后，不知落入谁的手里，换成哪个主人，不会触景动心以至悲伤呢？他们两位尚且陪寡人一起哀伤、垂泪，你却能笑得出来，这是为何？"

"如果自古以来没有死，那么只有古人的欢

乐，怎能轮到君上您的头上？"晏婴面向眼眶尚湿的景公。"这块地方最早是少皞氏的司寇爽鸠氏居住，夏代换成季萴（cè）氏，接着又是商代的逢伯陵，"晏婴转身望向西南，那里有逢陵故城，"后来，蒲姑氏承袭下来。"晏婴转回身子，目光越过申池，望向西北，那里有蒲姑故城。成王时，蒲姑氏参与管叔、蔡叔与武庚发动的叛乱，周公与姜太公用了三年时间将其平定。"最后，太公拥有此地。"

晏婴目光擦过遄台，望向东北，那里是太公初封时都城营丘所在地，然后又将目光收回，落到齐国后来所迁国都临淄城上。

"自古以来如果没有死，那么爽鸠氏一直不会失去欢乐，可不是君上您所希望的啊！"

不知何处飞来一只苍鹰，盘旋众人头上，又静止不动地待在天空，像要俯冲下来，但转了几圈后，还是远远地遁去了。众人看到它翅上的日光变幻不定。

"人如果不死，就拿君上来说，假若让贤能的君上永远守住齐国，那么太公、桓公就会一直

晏婴目光擦过端台，望向东北，然后又将目光收回，落到齐国后来所迁
国都临淄城上。

拥有；假若让勇敢的君上永远守住齐国，那么灵公、庄公就会一直拥有。他们一直拥有齐国，君上您又如何能继承君位？正因为占有又离开，交替更迭不止，才会轮到君上的头上。否则，君上将头戴斗笠、身披蓑衣、手持犁田与除草的农具，躬腰屈膝在田垄间辛苦劳作，哪有空闲忧虑什么死不死呢？"

景公听得有些失落，晏婴继续说下去：

"有盛就有衰，有生就有死，这是上天的合理安排。物有生灭，事有始终，这是古今存在的大道。人到了老年为死悲哀，怕死，是不当的。死亡是件好事，仁义的人死了就会得到休息，不仁不义的人死了乃是受到惩罚。君上想永远不死，占据位子，这是不仁不义的念头；再说，如果这样，又怎能将位子传给您的子子孙孙，让他们也拥有这壮丽的山河？两位大夫迎合君上，又是悲伤，又是哭泣，可谓阿谀奉承之极。"说到激动处，晏婴不由得挥动袖子。"今天，婴看到了一个不仁不义的君上与两个阿谀奉承的臣子，因此好笑。"

艾孔左手握着骨笛，笛的破损一端朝下。梁丘据将竽倒拿，竽斗卡在右手上，竽嘴有涎（xián）水流挂。两人站在那里，目光避过晏婴，也没看景公。

西边日头还没落下，不知何时，东边的月亮已经升起。月亮浅浅的，恍若久远年代里烧制出的一片薄陶，上面有灰黑的、不成形的阴影。景公仰望月亮，陷入一种不能自抑的状态中：

"夫子，人而有死，可是神却不死。你看那月亮上，不是有个长生不死的姮（héng）娥吗？"

"呵呵，"晏婴笑答，"如果姮娥是神，那么神能上天下地，她为什么一次也不下到地上来？她难道不知道地上还有思念她的丈夫？她在寂寞的月亮里可有欢乐？我们人还有欢乐，作为神的姮娥却没有，那么是做人好还是做神好呢？"

晏婴不想停下，继续说道："姮娥的丈夫，不管是谁，他们都善于射箭。传说羿射落了九日，又射杀了一堆儿怪兽。后羿虽没记载射过什么，可他作为有穷氏首领，取代了夏，也是位英雄。可惜，他们都过分沉溺于打猎，忘记一切事情，以致最后羿被逢蒙棒杀，后羿被寒浞（zhuó）暗害。打猎固然是件有趣的事，可太过分了，也不好！"

景公的彤弓搁于箭旁，虽有日光，虽有月光，但日光已晦，月光未明，弓在凉下来的地上，发出昏沉的光。

没有风，但觉得冷了。

突然，西边天际划过一颗彗星。彗星疾疾地，托着条越来越长、越来越粗、越来越黯淡的尾巴，消失在临淄上空，只是一瞬。有人瞥见了全过程，有人只是瞧见了一道越来越稀薄的光芒，渐渐灭了。

"骞（qiān）大夫，骞大夫，"景公急急地喊道。

伯常骞一脸雀斑，密麻麻的，眼里流露出不置可否的神气。他原是周王室太史，后来到了齐国，掌管卜筮星象。"骞大夫，请为祭祷消灾。"景公似乎等不及了，要他立刻举行。

"天道不可怀疑。祭祷有什么用？"不等伯常骞回答，晏婴开口："天上出现彗星，是当扫帚，用来消除污秽的。君上如果没有污秽德行，祭祷什么呢？如果德行污秽，靠祭祷又怎能祛除？"

"寡人听说，彗星出现在哪个国家，哪个国家就要发生灾祸。"

"星有生死，犹如人有生死。光芒划过，也许就是一颗星死了。"晏婴猜测。"如果真的相信它会带来灾祸，那么请求君上注重个人德行，厚爱齐国百姓，减轻赋税刑罚，停止修建宫室台榭。如此，齐国百姓没有怨恨，到处称颂君上，彗星即使真的来了，又有什么可惧怕的呢？"

"我至死也赶不上您啊！"梁丘据走近晏婴。

"只要坚持行走，就会到达目的地；只要肯干，就会成功。我没有什么与别人不同的地方，只要坚持行走而不停止，肯干而不放弃，就没有什么赶上赶不上的。"晏婴对梁丘据诚恳地说。

二桃三士

　　跨进宫门，顿时觉得凉快了下来。一路上尽是白花花日光，让人脖子上黏糊糊的，用手摸去却没有汗。

　　这般天气，人的情绪不像冬春两季时舒缓。

　　有些臣子已先到了，他们散在堂下，目光由远而近，旋即收回。晏婴左右一瞧，门里站着三个人。先朝右边点了点头，又向左边微微示意，脚步同时加快。左边站着古冶子，眼珠子没有转动，也没理睬问候。田开疆与公孙接站在右边，前者叉开两脚，后者并拢，两人正在说着什么。晏婴眼里，像被火烧过，感到一阵模糊。

　　"夫子来了，"大家站定片刻，景公走了

出来。

"君上，"晏婴行问候礼。"鲁君与叔孙婼大夫，大概就要到了。"

"都准备好了吧？"

"准备好了。"晏婴回答，"只是——"

"？"

"……刚才一幕，婴有担忧。"晏婴略略叙述一遍。"臣听说，明智之君蓄养的勇敢而有力量的武士，对上遵行君臣道义，对下讲究长少伦理，在内可以禁止暴乱，在外可以威慑敌人。这样，上面的人才能承认他们的功用，下面的人才会佩服他们的勇力，他们也才能享受丰厚的俸禄，拥有尊崇的地位。可是现在君上所蓄养的武士，根本不是该有的样子，上无君臣道义，下无长少伦理，内不能禁暴，外不能慑敌。"晏婴虽然压低声音，但是语气非常坚定："这些危害国家的东西，不如除去！"

景公双手背在身后，神情复杂。"夫子，这三个人对寡人可谓功劳不浅，寡人对他们也是厚爱有加。可，"景公欲止又言，"他们总不能据此为所欲为、盛气凌人。他们岂止怠慢夫子，对寡人也时露骄傲之气。寡人不是没有想过除去他们。只是，"景公朝大门那边望望，"只是他们勇力过人，无人可及，与他们搏斗恐怕难以取胜；如果暗杀，万一不中，反会生出更大乱子。"

"君上放心，为臣寻找时机。"晏婴思绪回到眼前："鲁是礼仪之邦，诸侯共知。这三个人简慢狂妄，今日若有失礼，恐怕有失齐国与君上脸面。"

一袭热风吹来，堂后帷幕晃动不止。安排事务的当儿，晏婴脑子里闪出逝去多年的庄公来。

那个螳臂当车的故事，早已流传天下，大概还会流传下去："只知前进而不知后退，不估摸自己力量大小，轻易与人交战。"庄公的驭者头脑清醒，可是主人却有另一番说辞。他说："这种小虫如果是人的话，必定成为天下勇士。"车子避开螳螂，靠边缓缓驶过。于是所谓的勇士，纷纷从齐国内外涌进公宫。庄公身边，时时处处，总是环绕一帮目中无人的赳赳武夫。

庄公专门设立了所谓五乘之宾的勇爵，选拔上来的勇士赏予五辆车，待之如宾客。

"晏大夫，古时也有只凭勇气与力量而在世上立身的吗？"庄公发问。

"臣听说，看轻生死而推行礼义叫作勇气，铲除暴虐而不畏强权叫作力量。凭借勇气与力量在世上立身，就要推行礼义。但若只凭勇气与力量，不能立身。汤王与武王动用军队却不算叛乱，吞并别国却不算贪婪，是因为符合仁义。相反，夏桀依靠推侈、大戏，商纣依靠费仲、恶来，这些脚可奔走千里不歇、手可格杀猛兽不惧的人，动辄杀害无辜、欺凌天下，桀、纣终致身灭国亡。如果只凭勇气与力量，诸侯就会国破，匹夫就会家败。现在君上崇尚勇气与力量，不去推行礼义，所谓勇士横行国中、无所顾忌，臣子唯唯诺诺不敢接近君上，百姓效仿他们善恶不分、欺软怕硬。只凭勇气与力量来立身的，自古至今，臣还从来没有听说过。"

"蓄养这些东西有什么用！"晏婴喃喃自语，"崔杼之乱，那些所谓的勇士，一个个不都死于萧墙之下？保护不了君上，自身也难幸免。除了勇气与力量，还要在脑子里装上礼义与智慧。"

在叔孙婼陪同下，鲁昭公跨过大门，进入宫廷。景公与晏婴恭敬地站于堂前，将他们迎上西阶。

一番客气之后，四人坐定。鼎列于堂中，几支于席前。鲁国最近与晋国不合，欲交好齐国，所以昭公前来聘问。

鲁国由叔孙婼执礼，齐国则由晏婴执礼。齐国的臣子们分列堂前。公孙接、田开疆、古冶子也从大门里移到阶下。他们剑垂于腰，手按于剑，昂首站立。三人神情木木的，仿佛三具木偶，线也牵动不了。别的臣子们不敢直视三人，三人也根本没将他们放在眼里。

礼已行毕，酒也饮至半酣。

"园中桃子正好，何不采摘了来，让客人尝个新鲜。"晏婴忽道。

"是啊！好！好！自当如此！"景公回应。

"君上，尊贵客人前来，臣要亲自前往挑选。"

不大一会儿，晏婴回来，跟在身后的宫人，将摘下的桃子，放在一个高脚大口的青铜豆中端来。豆腹，镂有弯弓挥戈的狩猎场面。

真新鲜啊，啧啧赞美声，从堂下一直传了上去。桃子大如拳头，圆如禽卵，中间的棱几欲不见，沉沉的红仿佛血一般，从一面起，渐渐变浅，成了青色。这硕大的桃子，拂晓之时不知缀着怎样圆润的露珠！现在又干又净，不过还是显得水分充足。水分甘甜凛冽，藏在清脆的皮下。大概只有靠近东海的齐国沃土，才能结出如此美好的果实。

"君上，摘得六个，其余还不成熟。"

又是一番说道，堂前臣子们看到，昭公首先拿起一个，接着景公、叔孙婼伸手，最后方是晏婴。

"君上，还有两个桃子。"晏婴建议道："难得今日贵客前来，使我堂上增光添色，齐国君臣共襄盛会。可以传令下去，哪位臣子功劳最大，由其本人言说，确实居功至伟，可以拿走一个桃子。"

"好主意！好主意！"景公示意主客四人共饮一爵。

两个桃子连豆，置于堂下台前。

先是一阵寂静，接着议论纷纷，臣子们交头接耳，兴奋起来。

"公孙接曾徒手打死一只母虎，救了君上，这样的功劳，自当吃一个桃子。"说完径自取走一个。

众人齐将目光投向取走桃子的人身上。只见公孙接两只豹眼，骨碌碌似要暴出，浑身上下，一股混沌之气。

那次，景公去桐山打猎，忽然山梁上跳下一只庞大母虎。母虎张开盘大的口，呼啸而至，直扑景公的马。居于车右之位的公孙接，一个箭步跃出，挥舞双拳奔了上去。左手揪住虎的颈项，右手狠狠猛击其腹，一下一下，急如骤雨。那虎疼痛难忍，只把大口朝天，先是咆哮如雷，随之渐渐小了，声若游丝。

景公站在车上，早看呆了。

"曾奉君命伐徐，斩其主将，俘获五百余人，三国一时畏惧于齐，田开疆，也当拿走一个。"剩下的那个桃子，忽地离开了豆。

站在公孙接身旁的田开疆，要比前者高出半

居于车右之位的公孙接，一个箭步跃出，挥舞双拳奔了上去。

头。他挺直胸膛，显得更高大，双腿略微分开，仿佛要使自己站得稳些，脸上一股鄙夷神气。

那次田开疆率师与南方的徐国在蒲隧开战，斩了唤作嬴爽的主将，俘虏对方五百余名士卒。徐君害怕，向齐求和。郯（tán）、莒两国之君也随着徐君，来到蒲隧与齐结盟。作为礼物，徐君献上名为甲父的大鼎。"呵呵，晋国称霸西北，这下寡人可以称霸东北了。"景公面向晋国方向，踌躇满志，回到齐国后重重赏赐了田开疆。

"若说惊险，若论场面，黄河之中刺杀大鼋（yuán），一手曳马，一手持鼋，浮于河面，救了君上，从古到今，谁人可比？"

古冶子奋然而出，在公孙接、田开疆的对面站立。豆中已无桃子，众人遂将遗憾的目光转移到古冶子身上。古冶子说话有点咬舌，像是嘴里含着一个大枣，嘴角平时总是向上翘起，露出一种让人捉摸不定的微笑，但这会儿，却是向下耷拉，愤愤不平。是啊，那次刺鼋救主，几乎成了一个传奇。

那年景公前往晋国聘问，船过黄河时，在砥

柱山附近，突然水里蹿出一只大鼋，咬住景公左骖（cān）的尾巴，死死拖下了水。古冶子一个猛子跃入，潜行水底，向上游了百步，向下游了九里，追上那只大鼋，将它刺死。左手抓住马尾，右手提着鼋头，像鹤一样，也有人说像燕一样，还有人说像天鹅一样，冲出水面。

"是河神！河神！"岸上的人惊呼不已。

"我可不可以分得一个桃子！"古冶子大嚷，声震堂上之瓦。

只见晏婴站到堂前，目光紧紧盯住古冶子："古大夫之功无人可比，可惜言之太迟，今日已无桃子了。"

"哼！——"古冶子左手握住剑鞘，右手攥紧剑柄。"如此之功，反而得不到一个小小的桃子，受辱于鲁君之前，又将被后人耻笑。"古冶子的脸变青了，甚至泛出一种可怕的蓝来。

一头的公孙接，将手中桃子送到豆中。"接确实没有古大夫那样的勇气与力量，功劳是赶不上。"

一旁的田开疆，也将桃子放回，面向古冶子。

"拿了桃子不让出来，是贪婪；如果不去死，是没勇气。"

就在田开疆拔剑置于脖子上时，哗的一声，公孙接颈上也是寒光一闪。顷刻，两股鲜血喷溅出来。轰的一声，倒下一个，又是一个。不知是哪个自杀者的鲜血，也许是两者的，溅到了豆中桃子上。两个桃子，仿佛是从血里生成，靠血浇注的，又仿佛血是它们的汁在流淌。

"我们三人犹如兄弟，号为齐国三杰。他们两个自刎（wěn）了，只剩我还活着，这是不仁；夸耀自己名声，就是耻笑他们，这是不义；既然悔恨，又不愿死，这是没有勇气。"就在众人惊愕之际，身上染了斑斑鲜血的古冶子，扭头直视倒下的两具尸体："子车、开疆，我追随你们来了，晚一步也赶得上！"众人看得清清楚楚，古冶子抽出剑，往自己的脖子上，狠狠抹去。

鲁昭公挺直身子，神色惊惶。叔孙婼低声感叹："三位大夫都是天下勇士，可惜一朝俱尽！"景公似乎还没缓过劲来，面无表情。晏婴从容言道："虽有功劳，但逞血气之勇，不足挂齿。"

半天，听见梁丘据那沙哑的、尖细的声音："三人终日不离不弃，死时也不分开！在我齐国，不乏勇力之士啊！"

　　"可恨勇力之士，为何要这样死去？"陈无宇接过话头，"因为一个桃子，舍弃自己性命，难道没有比桃子更值得活下去的理由了吗？这样选择也太蠢了吧！"

　　一阵热风，几枚干黄槐叶卷曲着，悠悠飘落于地。不知什么鸟掠过高天，影子划过，就像没划过一样。

举荐驭者

　　"君上，臣要举荐一个贤人。"晏婴看见景公缨上缀着的玉石，一粒一粒，在日光下闪烁不定。

　　"夫子，是哪个？"景公发现晏婴稀疏的白发中间，夹杂着黑发、黄发，斑斑驳驳，充满辛苦。

　　"是臣的驭者。"

　　"原来是个驭者，怎么说是贤人！"

　　"臣的驭者是个贤人。"

　　"夫子莫不是开玩笑？"景公神态放松了。"记得当年，你的一番劝谏，让寡人将那个驾驶十六匹马的羡给打发走了，还疏远了婴子。"

　　想起死去的婴子，景公心里不禁一阵酸楚。

"驭者就不能是贤人？"晏婴反问，"先君桓公时，宁戚还是个放牛的？"他又补充一句，"此驭者不是彼驭者。"

"是吗？"

"立国之初，太公就确立了重视选用人才的策略。桓公即位，发现贤人就不让他埋没，使用能人从不怠慢。对于国家来说，有三种不祥征兆：一是有贤能的人却不知道，二是知道了却不使用，三是使用了却不信任。"晏婴眼里放出兴奋的光，"臣发现臣的驭者是个贤人，因此举荐。"

"怎么看出他是呢？"

"考察一个人，要看他喜欢与什么样的人交往，听他平时所说的话。更重要的，观察他的日常行为。通过一段时间的观察，臣发现臣的驭者，完全称得上是个贤人，臣要将他举荐给君上。"

天气清明，庭中桐树开花了，紫白的花吐出芳香，开满了树，有蜂营营其间，有花落于地上。

晏婴说，拂晓，他站在堂上，看见东边廊庑（wǔ）下，驭者早在那里忙活开了。

那辆车很老很旧了，却一直在使用着。只见驭者将左右两边套在马脖子上的轭（è），扳了扳，将它们摆置齐了。轭垫用手摸了摸，还好。右边的皮带有些靠上了，他往下捋了捋。又转到左边，将手放到皮带上，试试没问题。车前弯曲的独车辕上的漆快磨光了，露出了木头纹理。他走到车前，右手食指弯曲，将皮带的铜环，用指节敲了敲，看起来还牢固。他又弯下身子钻到车下，仰脸瞧瞧。头出来了，拍了拍膝上的土。

"看什么呢？"

听到主人发问，驭者不防，打了个激灵，立刻转过身来。这是一个高而细瘦的人，脑袋不大，唇上两撇胡子，眼睛有着与年龄不大相称的清澈。因为穿着短袄，人显得更加高和细瘦了。

"看看伏兔。"他露出笑，两撇胡子向上平齐了。

"你过来一下。"

驭者迈步，长长的腿一下一下。

"这段日子你大有变化，这是怎么一回事？"驭者没有回答，他不知道主人到底要问什么，所以只管听着。

"最近你对车倾注了很大热情，总是将每个部位都仔细检查，收拾得妥妥当当。"晏婴本想将话打住，犹豫一下，还是说了出来，"以前，你可不是这样！"

是的，以前驭者对车可没这份热情。有段时间，甚至嫌弃。是梁丘据那次送车之后。在临淄城里，谁不知道晏婴的车的破旧？景公看不下去，让梁丘据送来好车好马。驭者一直梦想驾驶一辆好车，那样才能与主人身份相配，也才能与作为主人仆从的他，身份相配。可是，车与马送了三次，主人就是不接受。驭者实在想不通，梁丘据走后，他长长地叹了口气。主人听到后，朝他盯了一眼，并没理会。

"在驾驶时，你再也不高昂着头，而是平视前方，谦虚极了。"晏婴面露微笑，"这到底是怎么回事？"

"呵呵，呵呵，"驭者有些不好意思，两条长臂垂着。他每一句话吐得都很快，但话与话中间会停顿下，让人听起来，仿佛一节树枝折断，又一节树枝折断。他吐露说，这一切都源于他的妻子：

那是一个傍晚，驾了一天的车，驭者踏着月光回到家里。

"我要离开你，不想跟你在一起生活了。"看见丈夫推开门，妻子迎面开口。

驭者大为迷惑，他望了望一起生活多年的妻子，"怎么啦？"

"今天你驾着晏大夫的车，从街上过。我从门缝里瞧，看见你站在车前，头高高地朝向上面，两手拉直缰绳，胳膊肘宽宽地分开，摆出一副大架势，趾高气扬，显得目空一切。"

"这又怎么啦？"

"你看人家晏大夫，身高不足六尺，却是齐国之相，名声在诸侯国里传扬，可他站在车盖下，温和恭敬，思虑深沉，又常常降低身份与人亲近。你呢，身高八尺，只是一个为人驾车的仆从，却感到十分满足，摆出一副盛气凌人、不可一世的样子。我要同你分手，不想再见到你了。"

他的妻子个子不高，面貌清秀，黑发光亮可鉴，一枝竹簪子，斜斜地插在上面。

驭者的脸腾地红了，他手足无措，呆呆地站在那里，像个挨了批评的孩子，又像是个外人。"请给我一次改正的机会，"他嗫嚅着，"怎么样？"

"你有这么高大的个头，如果再有晏大夫的智慧、仁义和谦虚，那就好了。现在你侍奉如此优秀的主人，怎么不向他学习呢？"妻子打量着丈夫，好像刚刚认识他似的。"如能这样，何患不能扬名于国中呢？"她一字一句道，"我听说，宁可在贫困中坚守仁义，也不在富贵里装腔作势。"

第二天起，驭者开始改变自己。他抑制住那份虚荣之心，驾驶时，低下头来，谦虚面对周围的人，驾驶前后，细心侍弄主人的车。好像换了一个人，不再自满。

听完，晏婴长长地舒了口气，凝视驭者，仿佛凝视一个陌生人。

"知错能改，可谓善矣。我要向君上举荐你！"

"大人，小人微不足道。"

"为国举荐贤人，是我的职责。"

"只有司马穰苴（ráng jū）、越石父那样人物，才称得上贤人，才担得起大人举荐！"

司马穰苴、越石父正是晏婴举荐的两个人物。

挫败栾、高之乱的次年，晋、燕两国联合侵齐，晋国占了齐国西南部的一片土地，燕国占了齐国西北部与西部黄河两岸的一片土地，齐兵一退再退。正在人心惶惶、束手无策之际，晏婴向景公举荐司马穰苴。司马穰苴治军有方，精于列兵布阵，与士卒同甘共苦。听到齐军士气昂扬，晋、燕两国撤兵而去，齐国沦陷的土地全部回归。景公率领臣子们到雍门外迎接，封田穰苴做大司马，掌管军队。

越石父是晏婴由晋返齐路上，在中牟那个地方碰到的。越石父戴一顶破冠，反穿皮袄，背捆柴草，正在路边休息。他本是齐国人，因为贫困流落异乡做了奴仆，一做就是三年。晏婴解下左骖马，将他赎出，一同上路。因为乘车时没与他打招呼，下车时又没与他告别，越石父很是生气。晏婴向他道歉，延引上座，奉为贵客。越石父在晏婴手下，出谋划策。

"司马穰苴原是平民，越石父则是奴仆。"晏婴提示，"你是驭者，要比他们身份高啊。"

"这——"

"还有比他们身份低的呢？辅佐我先君桓公、立下'九合诸侯，一匡天下'不朽功勋的先大夫管仲，当初是个犯人。"

晏婴拂去一只绕耳的蜂，意犹未尽，继续聊天似的说道："在桓公回齐的半路上，作为公子纠的人，管仲进行狙击，射中桓公带钩，差点儿将桓公毙命。"

听完晏婴所讲，景公来了兴致。他刚张口，一朵桐花一晃一晃，落在他与晏婴之间的隙地上。

"这个驭者的妻子，真是深明大义！"景公赞叹，随之却将话锋一转："只是夫子这样做，不是受到女人制约了吗？"

晏婴明白，景公又在暗示婴子那件事儿。

翟王的儿子羡，做着景公的大夫。羡好乘坐十六匹马拉的车，景公看见后很不高兴，但他的宠妾婴子，却很想看一看。

那次晏婴有病在家，景公就让羡驾车，他与婴子坐在台上观赏。婴子高兴，请求景公增加羡的俸禄。晏婴愈后，景公也想让他观赏羡的表演，被他回绝了。景公正在兴头上，说打算给羡一万钟的俸禄。晏婴回答："从前卫国有个姓东野的士驾车不错，君上看了很高兴，但婴子不高兴，于是君上您就不高兴了；现在羡驾车，君上不高兴，但婴子高兴，于是君上您就高兴了。不但高兴，还答应婴子提出的为羡增加俸禄的请求。君上，您这样做，是受到女人制约了。"

"有的女人使国家倾覆，有的则使国家兴旺。婴子让君上奖励的，乃是羡的驾车赶马的技艺。"晏婴分辨，"而臣的驭者的妻子，却让一个驭者变成了一个贤人。君上若是听从臣的建议，让他做大夫，给他一份俸禄，这不是给驾车赶马的人的俸禄，而是给一个大夫的俸禄啊！"

"是这样？"景公听着，"女人的作用有这样大？"

"古往今来，齐国内外，有时女人可使君王

移情移性，进而影响国家事务，以至决定社稷存亡，不可不鉴。"

"有这样大？"

"虞与婧便是先例。"

虞是梁丘据找来的一个歌女，人长得漂亮，歌唱得甜美。虞给景公唱了一夜的歌，都是从没听过的新曲。第二天，景公没有上朝。晏婴让人将虞拘禁。不就是个歌女，至于吗？景公大发脾气。晏婴不相让，他说，虞所唱的，是些靡靡之音，迷乱人的身心，以致君上不能临朝。政事荒废，国家也会随之败亡。

婧的父亲衍，碰折景公喜爱的槐树，要被治罪。那株槐树长在宫城墙外，悬块牌子，上书：碰撞判刑，损伤处死。衍的女儿婧找到晏婴门上，她说，一个国家制定法令，不应损害人民利益，不应随意加重刑罚。贤明君上，也不因个人喜怒而随便更改法令。如今君上居然为了一株槐树，要治人的罪。出此法令，不但损害国家法令尊严，也使君上威信受到伤害。喜爱树木而轻贱百姓，邻国若听说了，会怎样评价君上呢？

晏婴深深折服，于是入宫觐（jìn）见景公，赦免了衍。

"婧不仅救了她的父亲，更重要的，使君上形象免遭损毁。在我齐国，竟有这样的奇女子！"

"驭者的妻子，能使寡人得到什么？"景公又问。

"驭者的妻子使君上得到的，可不是收回一条不合理法令，她使你得到一个贤人。贤人与能人，才是国家最需要的。兴衰成败，都系于人的身上。贤能之人是国之柱梁！"

日头升至中天，光芒撒了一地。那株繁盛的桐树，围绕根部一圈，生出一块几近圆形的阴凉。

"喳喳——喳喳——"一只喜鹊在枝头，分开黑白相间的翅，欢快地叫着，然后高高飞起。

登路寝台

"真高啊！"韩子休将缰绳一拢，举手加额，不由赞叹。景公与臣子们纷纷下车。逆时针方向绕了一圈，他们回到路寝正南位置。听到赞叹，齐齐把脸仰起。

高大的台像从地里长出，横亘面前。台阶齐整，一直排了上去，显得越来越密，越来越小。在那台顶，亭榭高低层叠。视力好的，可以看见柱子，但柱上花纹看不见。云朵，围着亭榭缓缓移动，似乎亭榭使它们有了中心，有了归宿。

一匹马将脖子昂起，咻咻喘气，垂下头，它知道人们将继续他们的活动了。

从人群中寻出晏婴，景公开口："当初夫子

劝谏寡人停止建筑这座台，说劳民伤财，寡人却看到，百姓乐于出工，他们满意这份活儿。"景公看见梁丘据凑了过来。"当初建筑长庥（lái）台，夫子也是极力反对，还唱了一支忧伤的歌！"

"是啊，是啊，"梁丘据笑嘻嘻地到了跟前，看看景公，又看看晏婴，"那支歌，臣还记得呢。"

那天刮着风，下着雨，有些冷。景公与一班臣子，坐在宫里饮酒。百姓正在修筑长庥，景公打算修得华美些。堂上的钟鼓琴瑟，压过风雨。梁丘据吹了一段竽，艾孔弹了一段瑟。众人正沉浸其中，晏婴忽然站起，一边张开手臂跳舞，一边唱道："季节已经很晚了，谷穗还没收获，真叫人心下忧虑啊，可怎么办呢？天气已经很冷了，劳役还在进行，真叫人忧心忡忡啊，可怎么办呢？"跳着唱着，众人看到，眼泪，从他眼角流了下来。

"君上——"晏婴欲言又止。

原来，几年前齐国发生饥荒，晏婴请求开仓赈（zhèn）民，景公没有答应。当时正在建造路寝，晏婴叫来工正官韦同，让他扩大台址，增加服役人的工价，为了工程质量不要催促日期。赶往工地上的人越来越多，粮食源源不断运来。肚子填饱了，他们为有这么一桩无休无止的活儿而高兴。地里没有庄稼等待收获，他们一门心思在路寝上。土堆一天天夯高，搭建亭榭的木材运了上去。

韦同离远了站着，带着一股沉思神情，好像件件工程，先从他的脑子里建成，然后才能落到地上。如果有人与他搭话，又会马上回到现实，好像刚从梦里出来，瞬间将梦的残片抖得干干净净。

"夫子，寡人还记得那次劝谏。"

那次，晏婴劝谏说："楚灵王修建顷宫，百姓三年不得休息；修建章华台，五年停不下来；又在乾溪大兴劳役，八年也没干完。百姓将楚王抛弃，他死在乾溪，尸体都没能运回国都安葬。君上如果像楚王一样，使用人民无休无止，让他们喘不过气来，只怕大台还没竣工，君上的欢乐就要消失了。"

众人登了一阵，开始稀稀拉拉拉开了距离，但距离不大。前面的人不时回头，步子放慢；后面的人朝上瞅瞅，加快速度。越往上走，云越稀疏。高高在上的亭榭，仿佛将云钻裂了，把它们分散开来。

"歇一歇吧，"景公望望台顶，回过身来，索性坐到了台阶上，轻软之衣委于地上。

梁丘据陪同一旁。汗珠从方正的脸上不时落下。他用袖子擦拭，马上又沁出了细密的汗。

"这么高的台？真是太害人了！"因为恼火，景公觉得更热了。

梁丘据讪讪地笑着，目光落在赶到跟前的晏婴身上。晏婴显然听见了景公的话，他开口道："君上，古代的贤明之君，务求节俭，不事奢华。到了末世之君那里，大多沉迷于宫室台榭。夏桀营造了璿（xuán）室、玉门，商纣营造了顷宫、灵台。营造得又高又大的有赏，如果又低又窄，恐怕罪就来了。而君上呢，台修高了也有罪，修低了也有罪，比起桀纣，有过之而无不及！国之基础，就在这一座一座台基奠定之时渐渐损毁！君上是想在高大的台上眼看国家危亡呢，还是在简朴的公宫里享国长久？"

不远处，陈无宇站在台阶上。高大的临淄

城，在日光下显得极不真实，却又十分逼真。台阶从他脚下一层一层铺开，仿佛一直铺到城里，铺到城南的牛山上。

终于上到台顶。从台下看，台顶只是一个小尖而已，上去才发现，台顶是块很大的空旷之地。居中一座高台，上面的亭榭大而宽敞，雕梁画栋，散发着浓郁的漆味儿。台前左右，两间小榭顶下横梁悬有钟鼓。钟是新铸的，鼓是新蒙的。它们还未被敲击过，在等待主人莅临。在众人簇拥下，景公一脚踏进亭榭。风吹过，好似飘飘欲仙。

钟鼓齐鸣，声音雄浑。

被惊动的野鸡，"咯咯——咯咯——"一阵尖锐鸣叫送上山来。

名叫开的乐师，铺开了七弦桐木琴。在如此高的台上张琴，别有一番风情。

"君上，这座台榭方位不正，有点儿偏西。"

"何以见得？"

"小臣奏琴，西方的声音高昂，东方的声音低微。"

名叫开的乐师，在景公身侧铺开了七弦桐木琴。在如此高的台上张琴，别有
一番风情。

"韦冏呢？韦冏呢？"

韦冏过来了，仿佛刚从梦中醒来。

"台榭是按照宫城的方位建造的。"

"宫城为什么偏西？"

"宫城是按照都城的方位建造的。"

"夫子，都城为什么偏西？"景公面向晏婴。

"古代立国都的时候，南望南斗六星，北望北斗七星之首天枢星，建造得不会偏东，也不会偏西。先祖姜太公将国都建得偏西，是因周王室都城定在西方，以示尊敬！"

众人不由将眼睛望向西方，千里万里，天地相接。

"又是天枢星！"伯常骞心下一动。

原来，路寝台落成后，发生了一件怪异事情。每到晚上，从高高台顶，总会传下枭（xiāo）的叫声。一直传到公宫里，传到景公耳朵里。黑暗中听到阵阵尖利、急促的不祥之声，景公睡不着。可怕的声音，穿过他好不容易才进入的梦里，将梦之井水搅动。白天向人说起，他们有的说听到了，有的说没听到，但都觉得没有什么。景公不行，他叫来伯常骞。

"骞大夫，这么大一座新台建成了，上面却有一只恶鸟，每到晚上叫，听了让人心里膈应，你有什么办法将它驱除？"

伯常骞让人在台上盖了一间小房子，顶上铺了白茅。当天晚上，在上面举行祭祀。第二天，枭死在台阶上，两颗圆圆的眼睁得大大的，一只翅膀蜷在腹下，另一只张开，一片一片灰沉沉的羽毛，夜里扑闪的羽毛，给景公带来恐惧的羽毛，松松地伸展在刺目日光里。

"骞大夫，你的道术如此高明，能增加寡人的寿命吗？"景公暗自惊叹这个来自周王室的当初那么落魄的人。

"天子九年，诸侯七年，大夫五年。"在景公看来，伯常骞细细的眼睛，仿佛洞彻天地间一切幽冥。"微臣能为君上增加七年，不多不少。"

"七年也好！七年就成！"景公眼里放射出兴奋的光。"能有什么征兆？"

"地将震动。"

从宫里出来，迎面碰上晏婴。什么事能瞒得

过他？伯常骞下车，在晏婴马前下拜。

"晏大夫，骞受君上之命，答应祈祷除去恶鸟，实是我杀死了它，现在我将举行一场盛大祭祀，为君上延长寿命。"

"祭祀可以延长寿命？"

如能增寿，地将震动。

"骞大夫，近日我夜观北斗，看到天枢星与其他六颗星分开了，地将震动。"

伯常骞低下了头，"是这样的，是这样的。"

忽然一声声的哭泣声传了上来。

"这是谁在哭呢？"景公心里老大不舒服。"真是晦气，台开始建时，碰上逢于何母亲的丧葬，如今建成了，又遇到这般扫兴的事。"景公闭紧嘴巴，好像生怕一只苍蝇飞进去。

原来路寝刚刚打好地基，立起围墙，晏婴在半路上，碰到一个人拦住他的马。晏婴下车询问，"你有什么事吗？"

"小人逢于何，母亲去世了，父亲埋在路寝围墙下，希望能将母亲与父亲合葬。"

"啊？这可有些难办！我给君上说说，如果

晏婴在半路上，碰到一个人拦住他的马，那人请求晏婴允许其合葬他的父母。

不行，你打算怎么办？"

"我将左手抓住灵车横木，右手捶打胸口，一直站着，直至憔悴死去，我要让天下人知道，逢于何埋葬不了他的母亲。"

见到景公，晏婴陈述完毕，景公问道："夫子，从古至今，你听说过合葬在君上宫台下的事吗？"

"古代贤明之君，他们的宫室台榭，不毁坏活人住所，不侵犯死人墓地，因而没听说过合葬在宫台下的事。如今君上的宫室修得那么广，台榭建得那么大，争夺活人和死人领地，还算少吗？活着的人忧愁，死去的人离散。只管满足自己的欲望与要求，不顾整个国家的生者与死者。我听说，活着的人不能安生，叫作蓄忧；死去的人不能安葬，叫作蓄哀。蓄忧产生怨恨，蓄哀产生危险。君上，您要答应逢于何请求！"

"好，好，景公应承。"

晏婴走后，梁丘据有些质疑。景公回答："对活着的人不施恩惠，对死去的人不讲礼义，这样的事不要去做！小民的一个天大请求，在寡人面前不过是件小事，为什么不让它实现？"

"嘻嘻，嘻嘻，"梁丘据粗脖颈，鼓起一道一道棱，仿佛瓦垄。"他是鲁国孔丘的学生鞠语，母亲死后，他不但予以厚葬，还坚持守丧三年。这些日子，他天天哭得那么伤心。"

"真是个孝子！"景公改变了态度。不知何时，他站到了一根柱子跟前，紧紧盯住殷红的漆。

"如今铺张礼仪，繁文缛（rù）节使人烦忧，纵情音乐，耗费财物耽误工夫，活人过分哭哀而于死者无益，不好的风习愈演愈烈。"晏婴反对说，"圣人若在，也不会首肯！君上为什么还要赞同呢？"

"当初不是听从夫子的话，才让逢于何遵守埋葬的礼法，完成母亲的丧仪吗？"景公反问。

"君上不知，听到请求得到应允，逢于何何等感激。"晏婴青黑脸上，晒出一粒一粒汗珠，"围墙推倒后，他将母亲埋葬了，然后解下孝带，脱掉孝服，换上布衣，系上鞋绳，戴上有紫带子的黑冠，跳起脚来却没哭出声音，捶打胸口却没弯膝下拜。过了一会儿，流着泪默默离去。"头顶的云分开，似要将一个结果呈现。"逢于何是个小民，但他知恩图报，进退有据，适可而止，没有逾规。既按照礼仪合葬了父母，又对君上好意作了回报。逢于何，真是个难得的有礼有度的人啊！"

"举国上下，都将君上宽厚仁慈之名传扬。"梁丘据也随景公舒缓下来。

透过两根柱子，晏婴眼见茫茫云海，在东北天际翻腾。似乎那些云团，是从台顶这里渡过去的。

隐隐约约，又听到野鸡一声鸣叫，好像还在回应刚才那一阵钟鼓。

● ◎ **齐灵公二十六年**（前556）

父亲晏弱去世，晏婴举行简朴葬礼。

● ◎ **齐庄公六年**（前548）

崔杼弑庄公于其家，晏婴前往吊唁（yàn）。

● ◎ **齐景公三年**（前545）

栾、高、陈、鲍四氏驱逐庆氏，景公大赏群臣，晏婴没有接受分封的邶殿六十邑，提出"幅利之论"。

●◎齐景公九年（前539）

晏婴出使晋国，与叔向二人共论季世，对齐国陈氏笼络人心之举深表担忧。

由晋回齐之后，晏婴将景公为他建的新宅拆除，恢复邻居旧宅。

●◎齐景公十六年（前532）

陈氏、鲍氏联合攻打栾氏、高氏，陈兵公宫之外，晏婴入于虎门，出谋划策，王黑率兵联合陈、鲍，驱逐栾、高。

●◎齐景公二十六年（前522）

晏婴向景公阐述和而不同、死生相代道理。

●◎齐景公四十八年（前500）

晏婴去世。